U0954801

分享思考的
快
乐

我们为什么总是看错人

王烁/作品

中国文史出版社

BetterRead

如鱼饮水

楼夷

我刚认识王烁的时候，不觉得他特别爱看英文书。

并不是说王烁不看英文出版物。因为工作的缘故，王烁看大量的英文新闻刊物，从《华尔街日报》到《新闻周刊》到《经济学人》等等，既读纸刊也上网站。但是，这些是工作，不是爱好。

他的爱好有三样：武侠、科幻和加菲猫。

我们早期都爱追一个网络论坛。当时那个论坛还算小众，以武侠和玄幻小说为主。但谁也没想到，十年后这个论坛演变成一个以言情为主的原创文学网站，推出的许多知名作品变成了电视剧和游戏，包括《甄嬛传》《步步惊心》《何以笙箫默》等等。不过现在不叫小说了，叫“IP”。

我们也一起看《科幻世界》。《三体》一出，王烁受邀做书评，因此提前看到了小说。

最爱就是漫画加菲猫。王烁当时每天都上加菲猫的官方网站，看更新的漫画。短短几幅画可以看了又看。加菲猫有善良的主人宠，有忠厚蠢笨的大狗欧弟供欺负和玩耍，每天吃吃喝喝，睡睡懒觉，真是人生赢家啊。

在我看来，王烁当时的英语能力也不强。他曾经讲过在欧洲某个机场找人问路的经历。那个机场工作人员跟他唧唧呱呱说了一大通后，王烁听不懂，就说："Can you speak English？"对方说："I am speaking English！"

但我一向认为，只要王烁想学什么，都能学好。因为他有两个绝招。

首先，绝对不糊弄。当时有种英文阅读法很受推崇：直接看全文，不必每个单词都弄懂。所谓读书百遍，其义自见。也就是说，读着读着你就悟了。据说这符合人类学习的自然规律，小朋友就是这样习得语言的。

但王烁不干。他只要碰到陌生的单词必查，而且是立刻、马上、现在就查。我们恋爱之初一起看国外电影，但很快我就不和他一起看了。太累。首先片子是没字幕的，而且每5分钟他就要停下去查字典。但再过几年，我们偶尔一起看片子的时候，我发现他已经不查字典了，而且还可以当我的字典。我每五分钟就会问他某句话或者某个单词是啥意思，他永远有正确答案。我又不爽了。

"为什么你每次都对？！"我问。

"我不是故意的。"他说。

我又决定不和他一起看片子了。

其次，王烁喜欢总结。看完一个片子或者一篇文章，他会和我讨论："你觉得用哪两个字来总结这个片子最合适？"本来很轻松的事情，结果就变成了学习。还记得我们在尼泊尔度蜜月的某一天，我一边喝下午茶，一边吃巧克力蛋糕，还不忘买一本《经济学人》杂志装模作样，多高大上的一个下午啊！刚啃了几口蛋糕，王烁说："你用一句话说说这篇文章讲什么的？"

拜托！

说是绝招，这两招简单到我都不好意思多提。不过，大多数人只是在短期学习的时候使出这两招。学校里常记笔记，但很多人是为了通过考试被迫做笔记。再说，比之人漫长的一生，上学也是某个特定时期而已。但这种不对世界说谎，也不对自己说谎，扎实甚至到有点笨拙的学习方式，已经成为王烁日常生活的一部分，是他认识世界的一种途径。

推动王烁以阅读英文为主的工具，是电子设备，最早是PDA，俗称掌上电脑。（不小心暴露了年龄！）

电子设备最大的好处，就是帮你把所有碎片时间和空间都利用上。有的人看书要挑时间、环境、氛围。王烁本来就不大挑，现在更是一机在手说看就看了。上厕所，等电梯，等车，等人，所有3分钟以上无所事事的时间都可以用来看书，在哪里都可以看。

电子设备的第二大好处，就是可以很方便地做笔记。以前一手拿书，一手拿本或者笔记本电脑，记笔记很麻烦，至少你得找个地方坐下来吧。现在看书和笔记都在PDA上了，非常方便。

笔记类似于反刍，不仅可以帮助厘清思路，真正吃透书本，更可以留下资料，供日后检索。

PDA也逐渐将王烁的读书目标从中文转到了英文。因为那个时候中文电子书太少了。我记得那个时候找来找去也就《史记》等古籍。每次看《史记》，我都想睡觉。以后每次睡不着觉，我都要去拿PDA。（我知道我是王烁的反面！请不要再提醒我。）而英文的文章和电子版则很多。不知不觉，看得也就多了。

2004年王烁去约翰。霍普金斯大学的国际关系学院SAIS访学，至此正式走上大量阅读英文书的道路。王烁临行前狂背GRE单词。已经拿到Offer才开始背单词的人还是比较少的。当时出国考试培训行业有一句名言，说GRE单词都是那些你一辈子都用不到的，只为考试而用。但王烁不管，每天背。

到华盛顿的第一周，去学校附近的银行办卡。坐在银行柜台等着工作人员帮我们办理业务，王烁一直低着头，嘴唇蠕动。银行工作人员很奇怪，但没有多问。其实他正拿着PDA在背单词。

学校教育给王烁极大冲击，首先就是要阅读大量英文书。事后王烁说，觉得GRE单词实在是太有用了，这些词广泛存在于课堂开的参考书里。但更重要的是锻炼了他的英文写作能力。

刚上学的时候，有一门课，老师给王烁的卷子写了评语，写得比较潦草，王烁没看懂。下课了，他就去找老师问。老师说："我是说你的英文写作太差了，要好好练。"

三年后，王烁受邀参加瑞典的一个国际大会，临时被会方邀请发言。他用10分钟时间写了一段英文散文诗，现场朗诵，与会者深受感动。

现在，我们的休闲时光基本是这样度过的：一起去咖啡馆，先喝茶聊天一阵，王烁就拿出了 kindle，把大屏幕手机横放，打开折叠键盘，边看 kindle 边敲字做笔记。这样的二人世界已经有12年了。

本来这些笔记就躺在“云”里睡觉了，但去年下半年我们开了微信公众号 BetterRead，得以和大家分享自己的读书心得。做微信公号的初衷只是为了做个实验，了解这样的社交媒体对于小众需求有什么影响。因为只是个人兴趣，我们也不想花太多时间。恰好，王烁多年来积攒了上百篇读书笔记。独乐乐，与人乐乐，孰乐？

最初，我们预计这是一个极小众的号。爱读书的人虽多，但大量读英文书的不多；专门推荐英文读物的媒体或公号不是少，简直就是没有。事实上，BetterRead 应该是国内第一家持续推介英文读物的原创公号。出乎意料，公号开始一个月就有了一万订阅用户。我们想，差不多了吧。结果，到今天已过7万用户。

2015年底，王烁在 BetterRead 上发了一篇两万字长文，点评他当年翻过的50本英文书，被广泛转发。很多人问为什么能如此高效率读书，为什么 BetterRead 有那么多的书评？现在知道答案了吧。

那篇文章发表后，有个读者给我们发了多条消息，又写了洋洋洒洒的邮件，核心就是一句话：读英文书没啥了不起，不读书也能做成事情。这两万字的长文给读者带来的压力或者说怨念之大，可想而知。

中国人对待读书的态度是很复杂的。一方面极其功利，所谓“书中自有颜如玉，书中自有黄金屋”；一方面又把读书看得太高，所谓“万般皆下品，唯有读书高”，读英文书就显得更高大上了。不过，在大多数人看来，就算读书是一种生活方式，那也是像品酒、饮茶、打高尔夫一样，丰富丰富生活。像王烁这样读英文书当吃饭穿衣喝凉白开一样，先是令人不明觉厉，然后就是细思恐极了。

说真的，不读英文书又怎么样？尽管同为BetterRead管理员，我也要帮那位读者振臂一呼。

我也爱看书，但看英文书主要是为了了解育儿和健康的国际理念。王烁一周一本书，我则喜欢边看书边实践，还要多方验证和比较。往往费时三个多月才能以亲身体会写下读后感。按照王烁的说法，大家看他的文章，就了解了那本书；而看我的文章，就了解了我这个人。感谢本书编辑大人慧眼如炬，居然在茫茫文海中挑中了本人的一篇。这里也打个小广告哦。

普通人面对英文书霸的巨大压力该怎么做呢？在长期共同生活中，我已经练就了化压力为动力的做法——你学不了他，就用好他。

学以致用的最好办法就是旅游。我们从恋爱到今天，每年都出去玩。每次出门前，我就有针对性地请王烁读书。旅游的时候，王烁身兼厨师、行李员、钱包多个职责，但最佳角色是导游。无论是哪个犄角旮旯的景点，他都能找到相应的历史背景和有趣的故事。

去年我二度怀孕的时候，突然想出门去旅游，王烁坚决反对无效，只好选择稍微近点的日本。他恶补日本史后，主张去京都。京都有十七处世界文化遗产，我们去了十三处。那一周，我挺着四个月的大肚子，带着4岁的女儿，天天气喘吁吁地跟在他后面逛寺庙。我突然意识到，一旦书霸将读书和行路结合起来也是很可怕的。

前些日子，王烁不无感慨地对我说："书太多了，人生有限，所以看书一定要有选择。"我盯着桌上的地球仪，非常赞同地点点头："我也要有选择地找一些高质量的旅游点。"

这是王烁的生活方式——学习不走捷径，读书不求名利，以英文书打开认识世界的一扇窗，以移动终端为工具，以笔记为学习和总结的积累，并以 BetterRead 作为分享的平台。但是，每个人有自己的生活方式，只要快乐并有所得就可以。

不读书或者不读英文书又怎么样？反正可以看 BetterRead 嘛。

目录

A

B

C

目

附录

成为超级预测者

世界是平的。历史终结了。有什么共同点？深邃，发人深省，总能自圆其说，但作为预测都是不及格的，或者说都不算是预测。如果是预测，那么托马斯·弗里德曼和弗朗西斯·福山早就被证伪，没人听了，而不是像现在这样，无论在中国在美国，只要他们开口，总是有很多人在听。他们今天改口了：世界终将变平。历史应该终结。

不明确界定，无度量手段，准确与否难以检验，这不是预测是故事。接受这种由深刻隐喻营造的故事，人们找到意义与方向，准不准确，你真的关心吗？

不过，预测这件事太重要，不能全交给故事。所有人的所有决策，不管意识到没有，都以预测为前提。

循证预测来了

循证（evidence based）预测，如同循证医学重塑医学，正在重塑预测这件事。

不循证的预测有两种典型：其一，“现在怎样将来就会怎样”；

其二，“将来就是沿现在变化的斜率外推”。这两种预测法粗糙了点，但也不比前面的各种包装成专家预测实则是故事的准确度差。

如果想了解活的循证预测，登录 www.gjopen.com，参加一场开放、永不停止、包罗万象、精确打分的预测竞赛，Good Judgement Open，我译作善断公开赛。

善断公开赛的预测都是短期预测（不超过一年），共同点是界定精确。精确到什么地步呢？可以用来打赌，输的一方乖乖掏钱，没有借口可找。

善断公开赛不是赌场，预测输赢不关金钱，但采用的 Brier 计分系统与投注有相同的逻辑：你预测下周末北京市出现雾霾爆表（AQI 值500）的概率是90%，而对手方认为是10%，那就等于你选择以9∶1的比例下注，如果你的对手方赢了，那么，假设他下注100块，就能从你这里赢走900块。你还敢乱说话吗？

Brier 计分法一般分值在 0 和 1 之间，0意味着绝对准确，1意味着绝对错误，0.5则相当于随机乱蒙。

我在 gjopen.com 网站上发布了10个预测，目前的 Brier 分值是0.231。假设我能始终保持这个准确率，那么将接近所有参加者的最高水平。预测竞赛的第一年2001年，第五名的得分是0.22，一位超级预测者。

我有这么厉害吗？

没有。到目前为止，我的预测中只有一个产生了结果。问题是：“《超预测》（*Superforecasting*）这本书在2015年10月底之前能不能上《纽约时报》畅销书榜？”

因为读过这本书，我毫不犹豫地选择“会”。我在2015年读过的书中，这本最值得一读，它也是 BetterRead 公号2015年度推荐的最佳书籍。我绝对相信它会很快登上《纽约时报》畅销书榜。如果错了，那也是《纽约时报》的错。

我赢了。

然后，到年底，大媒体纷纷发布年度好书榜，《超预测》登上了亚马逊年度非虚构十大好书榜、《经济学人》年度好书榜、《金融时报》年度好书榜。

诺贝尔经济学奖得主丹尼尔·卡尼曼说："这本书讲述怎样让普通人在预测这个大事上战胜专家。在不确定世界上如何做清晰思考，它给出手册。"出版过回忆录《在不确定的世界上：从华尔街到华盛顿之路》的高盛前董事长、美国前财长鲁宾说："政策制定者或者普通人，只要想依据严格的思维过程作决策，这书都极为有用。"

善断公开赛、《超预测》，都衍生于美国著名政治学家菲利浦·泰特洛克（Philip Tetlock）领导下的大型预测研究项目：善断计划（Good Judgement Project）。

善断计划的资助者是 IARPA（Intelligence Advanced Research Projects Activities）——"情报高级研究项目"，组建于2006年，名称与著名的美国国防部 DARPA 相近，使命也与后者为军方提供颠覆性技术相似，区别在于服务的对象是美国情报界。它合并了国家安全局颠覆性技术办公室、地理情报局全国技术协作组、中情局情报技术创新中心，直属国家情报总监，旨在跨机构为美国情报界提供革命性的新能力。

在 IARPA 的财务和技术支持下，泰特洛克主持善断计划，从

2011年9月到2015年6月，为期四年，总计两万多人登录善断计划网站，就情报界抛出来的五百个国际问题持续做出预测，实时预测，实时检验。比如这样的问题：希腊会不会在2014年12月31日之前退出欧元区？

IARPA 同时资助了五所精英大学的类似项目，并组织锦标赛，彼此竞争。泰特洛克领导的善断计划一直赢，第一年赢了对比组60%，第二年赢了对比组70%，还赢了其他来自密西歇大学和麻省理工的对手30% 到70% 不等。差距实在太大，第三年，IARPA 干脆取消了锦标赛。

善断计划的预测准确率高得惊人。参与善断计划的人由网站招募而来，都是普通人，智商还可以但不特殊，教育背景参差，也没有内幕信息，但他们作出的预测战胜了情报机构内部的分析师——这些人不仅是出题人，而且还有不能公开的机密信息。

对学者而言，更惊人的是，善断计划还战胜了预测市场，即那些就各种真实事件下注的公开电子交易市场，如爱荷华电子交易市场（Iowa Electronic Markets，http://tippie.uiowa.edu/iem）。一般认为，预测准确是很难，但相对而言，用真金白银下注的真实市场对未来的预测最有效。善断计划对这个看法构成了极大冲击。

想想看：普通人能战胜市场这件事，会带来多大的冲击！

善断计划怎么做到的？

正确打开方式

把一头牛牵上集市的台子，让赶集农夫目测其体重；把一罐糖果放到桌上，让幼儿园小朋友估计有多少颗。谁估得最准？

多玩几次。每次肯定会有一个最准确的估计，只不过，每次做出最准确估计的不会是同一个人。类似试验做过无数次，结论早已经有了，系统地看，所有估计的简单平均值胜过所有人的估计。几十个农夫目测牛的体重，几十位小朋友目测糖果的颗数，最靠谱的估计是求和再除以人数。

以一种简单的方式，平均值将所有人掌握的信息和做出的判断聚合起来，比单个人掌握的信息要完整，而形成的判断也更准确。这就是所谓群体的智慧。

群体的平均值是第一次聚合。这也是善断计划的起点。

用聚合来做预测，近年来在政治选举领域大热的纳特·西尔弗（Nate Silver）也是此法。这个年轻人业余开发预测美职棒新人未来表现的系统，卖掉；玩扑克又赚了几十万美元；然后做了个选举预测网站，2008年美国总统大选及国会选举一战成名，准确率超过所有民调，又卖给了《纽约时报》，然后出书《信号与噪声》。

选举民调是对选民意见的聚合。西尔弗并不直接做预测，美国选举民调已经太多。西尔弗做这些民调的聚合，等于是选民群体的聚合的聚合：

用贝叶斯概率，根据每个民调机构准确率的历史记录和动态表现，调整其在聚合中的权重。最后的结果既包含了对于每个民调机构的绩效评估，又聚合而成一个新预测。

这个预测有多准确？

2012年美国总统大选改选，西尔弗预测对了奥巴马战胜罗姆尼，这不稀奇。稀奇的是西尔弗还预测对了所有50个州两人的胜负结果，全中。

泰特洛克坦承，虽然西尔弗很年轻，但他的聚合预测是善断计划的智识来源之一：在聚合中给那些表现不同的预测者以不同的权重，效果胜过简单均值。

人以群分。善断计划启动于2011年，跨越四年，做不间断的预测实况演练。参加者在善断公开赛网站报名，就大量问题持续预测，接受严格检验，每个预测都会用Brier计分法打分，并汇总成个人总分。在漫长的赛马中识别好马，以0.25分为界，有2%的人脱颖而出，攀到最优秀一级，即泰特洛克所说的"超级预测者"。

这一步，泰特洛克与西尔弗的做法相近，相当于将其应用到情报分析领域：根据预测准确率调整每个预测者在整体预测中的权重分配，并给予超级预测者更大权重。由此产生的既是一个预测系统，又是一个预测者表现的评价系统。不出意料，它比预测的简单平均更为准确。

下一步则是泰特洛克团队的创举，其实也很简单。

对加权平均后形成的预测结果，再做一道加工：极化（extremize）。

所谓极化，就是将预测结果往100%或者0的方向推。

举个例子，对美伊达成核协议可能性的预测，如果预测者加权平均后的回答是70%，那就把它上调到85%；相反，如果预测值是30%，那就把它下调到15%。

极化基于一个简单的理由：假设群体中的每个人都获得了群体的全部信息，他们做预测时一定会更为自信。从群体简单平均值到加权平均的过程，事实上已经聚合了所有人的信息，但没有完全反映出应该有的自信。极化就是要捕捉这个自信。

如果是乐观预测，极化会输出一个更乐观的预测；如果是悲观预测，极化会输出一个更悲观的预测。

就是这样简单：一群在网络上做预测的普通人，利用公开信息，借助相当简单的算法，以明显优势战胜了参与IARPA预测竞赛的所有对手，还战胜了拥有保密情报的情报机构专业分析师，胜率高出多少这件事，本身得保密。这对那些终生研究情报的分析师，对整个美国情报界，都带来了巨大冲击。

加权平均+极化，这个做法有多强？

在两万多参与者中，只有一个人的Brier得分超过极化算法。

触类旁通：只要是存在大量预测者的领域，无论经济、政治、金融还是其他，都可以移植泰特洛克的加权平均+极化算法，应用的空间极大。

超级战队

到目前为止，无论是简单平均还是加权平均+极化，聚合的对象都是个体所做预测，基础是个体。

团队呢？要是超级预测者们组团呢？超级战队的预测力怎么样？

先上答案。

善断计划发现，如果参加者第一年成为超级预测者，第二年编入超级预测者团队，他的准确率会上升50%，第三年还将再上升50%。

不光超级预测者，即使是普通人组队，其准确率也有明显提高。善断计划的第一年，泰特洛克将所有人随机分配，一部分组队，一部分不组队，团队预测的准确率比个人预测的准确率平均高出23%。

这个结果不是自然而然就会发生的。团队协作可补个人能力短板，汇总信息，检验决策逻辑，但风险是形成观念和行为的正反馈，不断强化，形成群体极化：团队高度一致，认同于幻像，拒斥批判思维，也拒绝现实检验。这就是艾温·詹尼斯（Irving Janis）命名的“趋同思维（groupthink）”。对这种事，我们中国人一点也不陌生。

所以，在组队的时候，善断计划会对预测者做简单培训：提示趋同思维的风险，了解这种风险是避免的第一步。共识并不总是好的，分歧并不总是坏的。不要仅仅因为你同意某个观点就认为它是对的。不要停止反思。尖锐问题对团队就好比维生素对身体一样重要。等等。

当然，过度趋同不行，分歧失控也会使团队崩断。善断计划推荐英特尔创始人格鲁夫提出的“建设性对抗”，就事论事，提出精确问题。如果不同意队友的看法，你既不要第一反应说“你真傻”，这只会引发争吵；也不要说“我不这样看”，不同意本身没有为讨论注入增量。正确的反应是：“你有什么依据？”然后步步聚焦，将讨论导向可检验的地带，汇总信息，聚合判断。

普通人组队的预测，准确率超过善断计划所有参加者个体的均值10%。前面提到的网上预测市场，如爱荷华电子交易市场，确实如经济学家们说的那样，预测能力强大，其准确率又超过普通预测者团队10%。但最强的是超级预测者战队：他们战胜经济学家们一般认为不可战胜的预测市场15%到30%。

总的来说，团队胜过个体，而超级预测者团队战胜所有对手。更细地分解则是这样：超级预测者团队 > 预测市场 > 普通预测者团队 > 群体均值 > 个体。

谁是超级预测者

只有极少数人是超级预测者。善断计划第一年的2800名参加者中，只有58名超级预测者。

他们的平均 Brier 分值是0.25，比普通预测者的准确率高出60%。不仅如此，他们还看得更远。普通预测者对未来100天的事所做预测达到的准确率，超级预测者在相同的准确率上可以看到300天。

超级预测者会不会只是因为幸运？

一种看法认为，巴菲特几十年的20% 复合收益率并没有什么特别之处。好比掷硬币，只要掷的人数足够多，那么一定会有一个人一直掷出人头。巴菲特就是这样的幸运儿。

1984年，巴菲特在哥伦比亚大学商学院格雷厄姆代表作《证券分析》出版50周年纪念晚宴上发表演讲，回应了这种批评：如果只有我一个巴菲特的话，这种批评是有道理的。但是，为什么那些服膺格雷厄姆价值投资理念并与他有直接间接渊源的人当中，出现了近十位超级投资者？巴菲特反问：这些超级投资者集中出现于格雷厄姆—多德系（Graham-and-Doddsville），难道是随机的？

超级预测者引出相似的故事。他们作为一个群体相当稳定。上一年的超级预测者中，有70% 在下一年仍然能保持超级预测者的水准。这同样显著地高于掷硬币的概率。也就是说，尽管超级预测者不能免于均值回归的压力——30% 会掉队，但总体来说，他们预测准确并非侥幸，而是有原因的。

原因跟智力有一定关系。

善断计划的参加者是普通人，有退休工人、家庭主妇、艺术家，也有投行人士，但他们又不是一般意义上的普通人。积极参加一个网上的预测竞赛这件事本身，已经是一种自我筛选。

善断计划参加者在智力和知识测验中的得分高过70%的美国人，而超级预测者的得分更高过80%的美国人。如果换算成智商，超级预测者的平均智商大约在110到115之间，这不错，但不罕见。

超级预测者在善断计划的预测者中只占2%，在总人口中的比例更低于这一比例。再换个说法，超级预测者以超过平均智力一个标准差左右的智力，创造了比平均预测准确率高出两个以上标准差的准确率。

这额外的表现是怎么来的?

他们的思维方式。

他们这样思考

丹尼尔·卡尼曼系统研究人的认知误区（bias），将其引入决策研究，为经济学开出行为经济学方向，以一个心理学家之身，获得了诺贝尔经济学奖。他与泰特洛克曾在加州大学伯克利分校同事，私交甚笃，他与善断计划颇有渊源，为启动计划还一起去见过中情局局长。

不过，最初他是怀疑的。

在卡尼曼的学术体系中，人有两套思维系统，学术上称为系统1和系统2，在他近年新著《思考，快与慢》中，为便于理解称为快思想和慢思想。

所谓快思想，就是快，大拇指定律，不思而应，调动认知资源少，日常生活中的绝大多数行为都由快思想支配；所谓慢思想，就是要想，符合经济人理性，用概率思维，调动认知资源多，在日常生活中用得少。

快思想主导下的日常思维存在大量认知误区。所谓经济学的行为转向，就是承认人存在系统性的认知误区，系统性地偏离主流经济学的理性经济人假设。

投射到预测这件事上，卡尼曼觉得，这么多认知误区在那里，你怎么做得出靠谱预测呢？

举个例子：

把普通预测者随机分组，问其中一组，叙利亚阿萨德政权未来3个月倒台的可能性是多少？答案是40%；问另外一组，阿萨德政权未来6个月倒台的可能性是多少？答案也是差不多40%。

这就是范围误区（scope insensitive）的一个典型实例。普通人对于范围不敏感，这个例子里的范围是时间，不同时间长度下，预测应有明显不同，但普通人的预测显示不出差别。

超级预测者们则不一样。他们对前一个问题的回答是15%，对后一个问题的问答是24%。显然地，他们对范围敏感。

这让卡尼曼很意外。

随着善断计划对超级预测者们的认知和决策方式了解得更多，答案越来越明白。他们之所以是超级预测者，原因主要不在智商，智商只是个门槛；原因主要在于他们的思维方式：他们是普通人，不是知名学者，不是政府高官，也没上过电视当评论员，但他们克服了快思维下常见的认知误区。

超级预测者是这样思考的：

狐狸式思维 希腊人说：刺猬知道一件大事，狐狸知道很多事。

刺猬有一个大想法，用这个想法去理解和整合所有信息，执一而从，到底为止。狐狸则不然，从很多来源了解信息，时常改变看法。情况一变，想法就变。刺猬比较受重视，看看电视上的各种评论员就知道了，但是狐狸比较准。

费米式思维 把大问题分解成一系列小问题，回答那些能回答的，并把难以回答的那些问题刻画清楚。第一颗原子弹爆炸的当量是多少？地球以外有没有智慧生命？海淀区有多少适合你的单身狗？这些乍一听让人茫然无措的大问题，有一套用诺贝尔物理学奖得主费米命名的解法。

复眼式思维 弄明白你与他人的看法哪里相同哪里不同，并对预测市场和其他聚合群体智慧的机制抱有特别关注，与他们的分歧越大，你的看法就需要越强的证据支持。要像蜻蜓的复眼一样，把不同的看法整合为自己的见解。

基准概率思维 这是一种外部思维，对一件事的分析不是从其内在特质入手，而是先看同类事件的共性及发生概率。举个例子，如果在体检时对一种罕见病检测为阳性，超级预测者会先了解这种罕见病的发病率，逐步由外到内：这种罕见病在特定年龄段的发病率，在特定地区的发病率，最后才会切换到内部思维，了解病例的特殊之处。

贝叶斯思维 基准概率思维与贝叶斯思维几乎总是同时出现。贝叶斯思维指先验概率根据新的信息更新，变成后验概率，这个过程反复持续。基准概率思维可以视作为贝叶斯推断过程校准先验概率。

颗粒化思维 超级预测者们的判断总是量化的，且量化的精度远高于普通人。中情局的情报分析将预测分作七档：极为可能、很可能、可能、两可、不大可能、很不可能、极不可能，作为决策依据这似乎已经足够。但超级预测者们思维的颗粒度（granularity）远比这精细：他们做判断及调整判断，会精确到一个百分点。

“苏格拉底说，了解你自己。卡尼曼在《思考，快与慢》中发展出了解自己的科学。泰特洛克在《超预测》中提供了我们都能运用的方法。”瑞银全球研究主管胡安·佩雷斯说。

朝向黑天鹅的活法

在塔勒布出版《黑天鹅》以后，任何关于预测的乐观断言，都必须面对这个问题：你能预测黑天鹅吗？如果不能，你的预测有什么意义？

泰特洛克的回答是：不能预测黑天鹅，而预测仍然有意义。

他承认，现实世界只有一个，可能世界却有无数重。在导向最终结果的长链条上，如果有哪怕一个环节没有像事实上那样发生，结果会变成怎样，根本无法想象。

20世纪的世界史是由斯大林、希特勒、罗斯福、丘吉尔、毛泽东塑造的。考虑到20世纪是一个男女极不平等的世界，假设这五位领袖生为女性，他们事实上将没有机会成为领袖及发挥后来的那些作用。而他们生为男性或女性的几率是五五开的，五位都是男性的机率，只有3.125%。也就是说，站在19世纪末，就以这五位大人物而论，20世纪有30多个可能世界，我们只是偶然走进了其中之一。

人们常常低估了随机性的重要性，过度自信于对环境与自我的虚幻掌控。

泰特洛克承认，长期预测是不可能的。但基于善断计划的表现，他有两点回应：

第一，超级预测者的存在证明，对时限一年以内、边界清楚的短期预测，可以做到相当准确，对指导行为和决策有用。

第二，长期中总会有黑天鹅，但预防不可预测的黑天鹅的成本很高，也许是太高了。凯恩斯说："在长期中，我们都死了。"

泰特洛克最后给出建议：如果一定要为长期预测做准备，那么，惟一能做的是准备迎接意外。也就是说，加强适应能力，增加从打击中恢复的能力。

如果生活扇你一耳光，你怎么办？

如果生活踹你一脚，你怎么办？

如果……

如果……

人生太漫长，别做预测，做准备。

预测人机大战

2016年1月28日，Goolge在《自然》杂志发表论文，披露其人工智能阿尔法围棋战胜了欧洲围棋冠军，震动世界；3月9日到15日，阿尔法围棋与世界围棋最强者之一李世石大战五局，并获得胜利，再次震动世界。

从消息最早爆出到3月间大战尘埃落定，我公开发表了三篇文章：

——1月28日，《李世石，对不起，我们押宝阿尔法围棋》，基于当时所了解的阿尔法算法机理，预测阿尔法将获得3月间对李世石之战的胜利；

——3月7日，阿尔法围棋与李世石大战前夕，《为什么李世石会输》从李世石的棋风角度，预言李世石会输掉这场比赛；

——3月13日，阿尔法围棋已连胜三局，意外输掉第四局，《阿尔法输在哪里》分析李世石在对局中找到的间不容发的机会。

五番棋已经全部结束。事后看，我的三篇文章有错误，有臆想，有想当然，但总的说来，从预测的角度看，结果颇令人自豪。此次发表，除个别错字外，未做任何修改。

李世石，对不起，我们押宝阿尔法围棋

1月28日

AI崛起，最新证据来自《自然》杂志最新封面论文。Google旗下的深度学习团队DeepMind开发的人工智能阿尔法围棋（AlphaGo）以5∶0战胜了围棋欧洲冠军樊麾。这是人工智能第一次战胜职业围棋手。它将于2016年3月间挑战李世石，当下世界围棋最强者之一。胜者拿走100万美元。

作为一个曾经很强的业余围棋手（曾经拿过一次北京市高校围棋冠军），我打了这五局棋谱，震惊。

不是震惊于阿尔法围棋下得多么惊艳。表面上，这五局棋下得反而是很平庸。樊麾抵抗不足，五盘棋没有什么激烈的战斗，开局、定式、占大场、小规模接触战、收官，对抗度很差。

令我震惊的是，如果事先不说，换成我坐在棋盘对面，我不会知道这是人工智能下出的棋。由于阿尔法围棋与樊麾在对局中展现的棋风相近，如果不说谁执黑白，哪怕事先告诉我其中一方是人工智能，我也无法准确地辨别出，哪一方是人，哪一方是人工智能。

也就是说，阿尔法围棋不仅战胜了职业棋手，也通过了图灵测试（围棋单项，如果能够这么说的话）：如果机器能够跟人交流而不被认出来是机器，那么它就能思考。此前的围棋人工智能则通不过，虽时有精彩之笔，也总会露出马脚。

这不是偶然。在过往围棋人工智能通常采用的蒙特卡洛树搜索

算法之外，阿尔法围棋加入了两种深度神经网络算法，分别减少了搜索所需的广度和深度：用价值网络算法评估棋子位置的优劣，用策略网络算法来选择下一步。阿尔法围棋与人的思维方式更接近。在与樊麾的对局中，靠着更精准的评估和更聪明的棋步选择，阿尔法围棋的计算量只需20年前 IBM 深蓝计算机击败国际象棋世界冠军卡斯帕罗夫时的几千分之一。

竞争对手立即做出了评价。田渊栋领导着 Facebook 人工智能围棋项目“黑暗森林（DarkForest）”，你可在跨国围棋对弈平台 KGS 上与它交手，目前是业余5段水平。田在知乎上说：

“他们训练了一个走子的神经网络，又训练了一个可以评估局面的网络，然后在蒙特卡罗树搜索中同时使用这两个网络。后者用了两千万局的自我对局的结果训练。为了避免过拟合，每局只随机选了其中一个局面，然后让网络预测对局结果（胜或负）。两千万局不是个小数字，大家可以算一下一刻不停地下，15分钟一局需要多久才能下完（大约是570年）。这个规模我说实在没有想到过，谷歌在这方面是很有优势的。最后，他们的预设策略（defaultpolicy）也是经过处理的，能够两微秒走一步而且准确率也不错。还有一些小细节就不一一赘述了。总之，谷歌的做法充分利用了大数据 + 深度学习的优势，而几乎完全没有用到围棋领域的知识，所以若是以后棋力能再往上走，我也不会惊讶。”

人工智能近年突飞猛进。最近还有人说，人工智能要战胜人类围棋手还要许多年。现实立即粉碎了这种预言。人工智能战胜业余强手也就是去年的事，现在已经战胜职业棋手。业余强手与职业棋手之间的差距，远大于职业棋手与职业顶尖棋手的差距。

樊麾二段出生于中国，目前是法国国家围棋队总教练，连续三年赢得欧洲围棋冠军的称号。欧洲冠军与世界最强之间水平大概差让到先让两子，这对人类是天堑，但对已经取得突破的人工智能来说，步子大点也许一步就迈过去了。

本文要发出的时候（2016年1月29日），已经有两位世界冠军级棋手发表了看法。

芈昱廷九段："谷歌围棋战胜职业棋手的消息很刺激，对李世石挑战赛胜负很难说。"

刚刚两次战胜李世石两夺世界冠军头衔的柯杰则称："以现在这个计算机的实力，战胜李世石可能性不到百分之五。"

但是，柯杰恐怕不知道，阿尔法围棋战胜樊麾是在2015年10月，到2016年3月与李世石对局时，还有近半年时间。阿尔法围棋通过与自己下棋来做加强学习，以闪电般的速度每天跟自己下无数盘。关键的技术突破已经发生，它从高手达到独孤求败水平不需要很多天。如黄文政所说，量的改进是人工智能最擅长的事情。

不要被阿尔法围棋与樊麾对局中表现出来的"平庸"所迷惑，它也许只是以樊麾的棋风打败了樊麾。跟人不一样，人工智能不会也不需要有特定的棋风，如果要猜的话，我猜它是镜像了对手的棋风。对手不同，它就不同。

模仿对手的做法，是一种常见的博弈策略。比如帆船赛里，一对一，领先者保证领先的最简单办法，就是追赶者做什么，领先者就做什么，不管这个做法本身是不是最优，这样以确保不会减少领先的优势。

围棋当然没有这么简单，但套用这个思路也是可能的，对手什么风格，AI就什么风格，对手是人，会有无谓失误，会有漏着，会有精神专注度问题，这些问题AI一个也没有，镜像对手的做法，岂不有姑苏慕容氏“斗转星移”一般的效果？

还是让3月对战来验证这个猜想吧。与樊麾相比，李世石是另一种动物，从始至终血战到底。如果阿尔法围棋转为采用嗜血战法，那李世石就要特别小心了。

李世石说：“作为人类代表，相信这一次我还能赢。”

祝你好运。

我参加的一个微信群对此战结果的预测出现分歧。像所有合格的贝叶斯人那样，我们下注。最终产生的赔率是押李世石为押2赔3，认为人类会输的已占明显多数，等于预测人类获胜的概率只有40%。它是我们这个微信群集体智慧的凝结：有懂围棋的，也有懂AI的。

至于我自己，押阿尔法围棋胜。人类，对不起了。

围棋成为人工智能新突破选择的领域，意义重大。围棋规则简单，变化繁多，而结果不确定，没有“正解”。不是说初始输入一个值，然后直线计算到终局，而是每一步都有判断、权衡、取舍。我的体会是它好似生活的投影，简单一些，但足够复杂。认知科学家阳志平说，认知心理学实验研究智力、专家、专业技能习得常选取棋类作靶子，因为它标准化程度较高；不过，一般棋类游戏认知复杂度不足，围棋却兼具了标准测试集与认知复杂度高双重特点，人工智能在围棋上取得的突破，具有划时代意义。

那人还能做什么？

近来影响巨大的《第二次机器革命》一书认为，过往人们认为自己相对于人工智能的优势，已经越来越靠不住了，将来还可能有点比较优势的领域（暂时）只剩下：提出有趣问题；宽幅模式识别；复杂沟通能力。该书推论说，二百年来主要重视数学（ARithmatics）、阅读（Reading）、写作（WRiting）的3R式教育，与将来的需求错配，必须改革。

围棋失守在即，未来已经到来。

为什么李世石会输

3月7日

2016年3月9日，李世石会输给AlphaGo。

AlphaGo横空出世的时候，我写过一篇文章《李世石，对不起，我们押宝阿尔法围棋》发在BetterRead，讲它为什么会赢。这次讲李世石为什么会输。

李世石不是此刻的世界最强者。算上刚刚结束的农心杯三国围棋擂台赛最终局，他已经连续输给中国的柯洁好多盘，输掉了近来两人相争的所有重大比赛。

不过，我要讲的不是这个。李世石是不是最强者没有什么关系，他已经够强了。

接着看。

几个月前，在两人争夺世界冠军头衔之前，被问及与李世石之战胜率如何时，柯洁说：李世石有5成，如果总共有100成的话。

棋盘如战场，不许人间见白头。十余年前，李世石像柯洁这般如日中天的时候，也是一样地盛气凌人，不给别人留路走。

不过，我要讲的也不是一个李世石遭报应的故事。

接着看。

后来有人问李世石，你当初那么目无余子，是真的认为自己最强吗？

李世石说，不是的，是因为当时李昌镐太强大了，又没有任何破绽，我觉得自己模仿他的平衡风格毫无胜算，只有尽力张扬自己的性格才有可能破局（李昌镐是1990年代中期到本世纪第一个10年中期无争议的围棋统治者。今天围棋总共产生了100个世界冠军，其中他拿的最多，17个）。

少年的心事与心机啊。

李世石及其发扬光大至今仍统治职业棋界的棋风，极度重视气势：你要战，我便战；你不要战，我更要战，追求从一开始便将对手拉入不到终局不休的无数场战斗之中。

为什么这个策略可行？

第一，战斗中，双方下错的概率显著增加。你会犯错，我也会犯错。棋手不再不切实际地寄希望于不犯错误，而是争取自己的错误犯得较小，避免自己成为犯最后那个错误的一方。

第二，主动将局面导向这种博弈的一方，在心理上、棋风上乃至体力上更有准备。

第三,一战定局这种事变得越来越少，一局棋变得很漫长，在可能多达几十场战斗中，如果你擅于捕捉机会，机会多很多。

全力张扬桀傲个性，不求平衡，从开局战斗到终局，李世石创造了自己的时代，引领了一代围棋风格，其间收获了十多个世界冠军头衔，也埋下了今天面对 AI 的尴尬。

为什么?

与投资界里常说的赢亏同源相似，李世石的长处明显，短板也明显，都是一个：在战斗中寻找对手的破绽，自己的破绽也会增多，为将局面引入乱战，甚至不惜故意露出破绽，开局即崩。

李世石雄踞世界棋坛多年，但没有留下传统意义上的名局，就是那种棋：双方落子都臻于完美，没有恶手，一方取胜是因为下得更好，而不是另一方下得不好。李世石固然会下出绝妙手段，但也会露出不少破绽，下出不少恶手，一盘棋赢下来是因为对手的破绽和恶手更多。李世石拿到世界冠军的不少决胜谱很难看，对手在懊恼自己犯下错误之余，更有许多郁结。不信请问同为世界冠军级棋手但被李世石多次碾压的常昊、孔杰。李世石棋风有恶名“僵尸流”，就是这样来的。

这样说对李世石并不公平。旁观李世石下棋，会觉得李世石的棋风很脆，常常在开局用压迫式的布子求战，结果露出破绽，一举落入下风；然而那些坐到李世石对面的高手，会觉得李世石的棋强韧之极，他们常常赢得每场战斗，直到输掉最后一场战斗。

可是，李世石这样下，用自己的不稳定赌对手的更不稳定，对 AI 会有效吗?

点到即止。

最后，再来看一下 AlphaGo。

上周，研发 AlphaGo 的 GoolgeDeepMind 创始人杰米斯·哈萨比斯（DemisHassabis）在牛津大学发表演讲，介绍人工智能进展，其中大部分内容介绍 AlphaGo。

面对当前局面，AlphaGo 不是做穷举计算，两个深度学习算法极大地减少了计算量。“策略网络”算法负责下一步的落子选择，从理论上存在的平均200种可能选择，缩小到三四种得分最高的选择；“价值网络”算法负责评估落子后的局面与最终胜负的概率关系，就是判断局面是否处于优势，优势多大。

前者减少计算的宽度——不用去计算所有落子的可能；后者减少计算的深度，不用徒劳地去尝试算到底。

这确实就是人类棋手在面对棋局时的思维方式。没有人能算到终局，也无须如此，只要算到下一步棋能导向优势就足够了。用诺奖得主、经济学家、政治学家、人工智能专家司马贺（HerbertSimon）的话说，人做不到完美（optimal）计算，做够用就行（satisficing）的算计。AlphaGo 下棋看来也是如此。可是，AlphaGo 有拟人的围棋思维，但它不会有人的波动。与人下，你露出破绽，还有无数机会；与它下，就结束了。

从诞生以来，AlphaGo 主要是在与自己的许多个分身之间下棋，多到每天下几十万盘。武侠小说中左脚踩右脚越升越高的轻功是乱盖的，但 AlphaGo 跟自己下棋却真能涨棋，哈萨比斯称之为内部测试。每隔一段时间，AlphaGo 会跟外部棋手下，以做校准，这叫外部测试。前两次外部测试，2015年4月跟同为 AI 的 CrazyStone 下，

2015年10月跟樊麾下，结果大家都知道了。

哈萨比斯最后说，跟李世石对战，绝大多数职业棋手认为AlphaGo会输，但我们的内部测试结果可不是这样。

走着看。

阿尔法围棋输在哪里

3月13日

2016年3月7日，我在BetterRead上发文《为什么李世石会输》，说李世石的棋风波动很大稳定不足，在对AI时不利。现在目标不同，如果要下得漂亮，下得让AI意外，但求充分燃烧，向死求生，那这是李世石的最擅长。

在AlphaGo 5：0战胜樊麾和李世石的前3局，整整八盘棋不能说没有战斗，但确实没有深入骨髓手术刀一般的贴身缠斗，对手被阿尔法的算法控制住了。

2016年1月底阿尔法出世时，我写《李世石，对不起，我们押宝阿尔法围棋》，猜想阿尔法没有棋风，是应变型的，对手怎么样它就怎么样；现在看正好相反，在现在的算法参数下，表现在棋枰上，阿尔法有明显的棋风，就是控制：控制棋局朝向对它有利，至少并非不利，但变化较少的方向走。两套深度学习算法合力，它永远选择胜率最大的下一步。

你有力，发不出；你求战，条件我开。

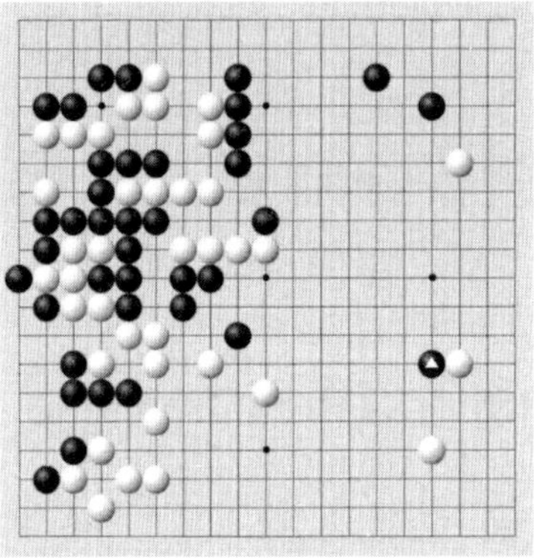

上图，第3局，李世石左侧作战不利，于是一头撞在白棋右下的大飞角上。

围棋又称手谈，在这场人与 AI 的对话中，李世石说，就是要战斗！没有战斗的条件也要战斗！

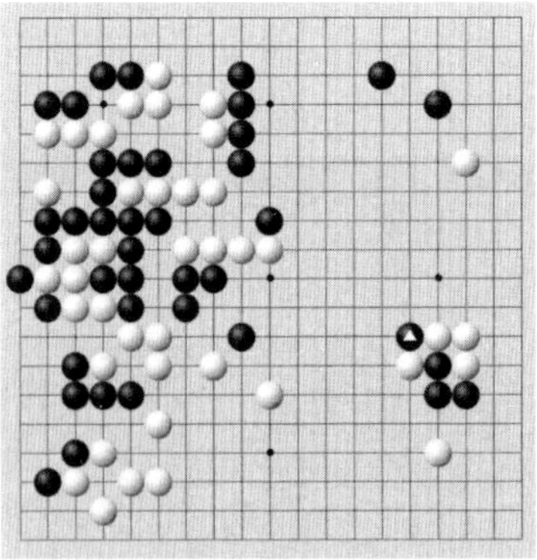

过了几步，李世石又断在这里，如果说前面的靠大飞角是拼，这步棋就是拼的平方。如果是人类棋手相对，那么上手对下手让三

子时才会这么下。想求战而不得，要这样不利地来求战。

悲凉。

阿尔法围棋连漂亮一战的机会都不给你。

在顶级职业棋手绝不会现在就输给 AI 的神话仅仅于几天前才被打破之时，新的神话出现了，阿尔法不可战胜。

能赢一局就是重大胜利，是人类在重大挑战面前自我适应能力的礼赞。现在已很明显，论“实力”，人是不如狗的，但如果人能找到狗的一点漏洞，偷袭成功，哪怕狗随后升级补漏，也是对人类了不起的适应能力的证明。

比赛之前，人们对 AI 的弱点有很多猜测，比如虚路不行，全局不行，然后一一感到震惊。第二局中这步尖冲是其中的一幕，AI 也能下出这样的虚路构思，此前右下角尖的俗手，重新获得了意义。

最重要的，还是劫争。

万众瞩目的大劫争，终于在阿尔法围棋对李世石的第三局中出现。李世石没有因此创造奇迹。但是，如果说阿尔法的弱点最可能在哪里，还是在劫争上，只不过，要造劫的话，必须要早造，生造，硬造，因为等着棋局的流向自然而然产生劫，可能等不到了。阿尔法控制力太强。

人们对阿尔法的认识，也是在棋盘上去反推的，根据下法，一步一步地去认识它。

人类下围棋有两种下法，一种是下正着，就是不管对手怎么下，我下我认为最好的下法；一种是根据对手来下，不管正着是什么，我下让对手感到最难受的下法。在人与 AI 的竞争中，人类棋手已经无法再按前者来下，而是必须按照后者来试试，看看什么可能让阿尔法最难受。至于什么能让阿尔法最难受，事前的想象都靠不住，总要在棋枰上去试一试。

终于，下到3月13日，第四局，才发现，阿尔法长拳强，洪拳强，太极拳强，就是咏春拳有点破绽。

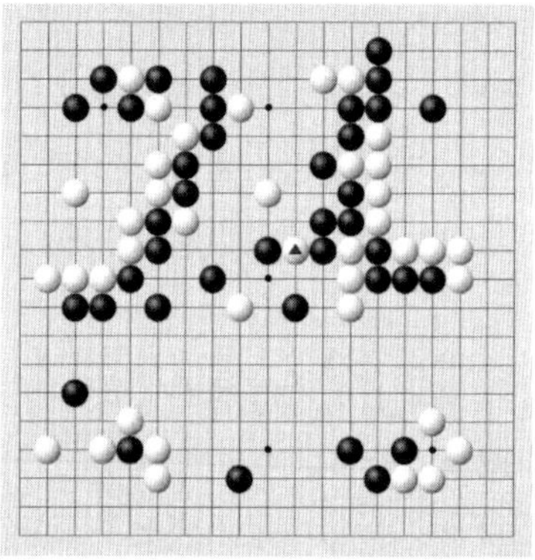

李世石白78手挖，“神之一手”，然后阿尔法狗就乱了阵脚。

到目前为止，就是这种坂田荣男小刀流管用了。其他吴清源流的哲理、李昌镐流的坚忍、李世石流的凶悍，都没有明显效果，阿尔法比你还会吴清源流、李昌镐流、李世石流。人类第一次明显占到上风的地方，居然是外科手术式局部战斗，跟预料完全相反。

其实，仔细看上图。阿尔法的败因还是避劫，即使白下出挖以后，如果黑棋选择补左边，那么右边有个白打劫连回的手段。这个劫价值不小，却是黑棋的无忧劫，最终大体会形成白连回上边，黑连回右边四子的转换。形势还早，而阿尔法其实很擅长这种局面。

但是，阿尔法就是倾向于避劫，最终没有选择上图，而是选择了损失更大的实战，输掉了这一局。

阿尔法的软肋已明，如果这次是十番棋，李世石也许还有机会。

可惜。

最后说点别的。

围棋是一种可以只依靠绝对理性的游戏，但非理性却仍然在人类对手间有很重要角色。所谓“气合”，就是讲究气势，不仅要赢，还要在气势上占上风，这一类。

在人类对弈当中，之所以还没有消灭这些非理性因素，是因为理性能力其实还不够。棋手时常表现得从感情上、直觉上就不能接受某些着手。这是因为，一方面，自己的理性能力仍然不足，算不透；另一方面，对对手的理性能力不足抱有信心，所以你要博，我就陪你博。阿尔法消解了这种博弈。以后的人类围棋至少在表面上也会阿尔法化了，尽管计算能力永远也追不上阿尔法。

以后 AI 暂时不能战胜人的领域，主要是人的那些“非理性”部分，不可能与阿尔法式理性对抗的那些领域，主要存在于人与人之间的密切互动。“非理性”仍然是人类必要部分的那一类竞争，暂时还在 AI 射程之外。

阿尔法只有算法没有心理，但人类心理这一套在棋盘上可以没有用，所以气合终将被算法消灭。经济学中的理性经济人假设捍卫者曾有类似逻辑，即没人是完全理性的，但那些“貌似”理性的行为，会在市场中消灭不理性行为。所以理性经济人假设是成立的，因为“应该如此”。不过，人际之间复杂互动似乎还是没这么简单。以泡沫为例，从一轮泡沫到破裂到政府援救全过程来看，似乎是全疯的和完全不疯的都没有适应性，有适应性的是那些有点疯又不全疯的参与者。至于疯到多少正好，这个可没法事前说清楚。

我们人类自己之间的那点破事，还轮不到 AI 来管。

机器人终将获得意识

3月15日

机器人寓言

如果你想亲身看到一万年后的地球，惟一的办法是休眠。你爬进休眠舱，然后在公元12016年醒来。

可是，问题没这么简单。休眠舱需要经受万年考验，要保证能源供给不断，要能经得起环境灾变，如果受损还得自我修复，数不清的考验，它都要能应付，否则你就永远睡过去了。

找个最理想的位置，有阳光、空气和水，以及维系休眠舱所需要的所有资源，然后定在那里。行不行？

这不算好办法，一万年间，地震、海啸、陨石撞地球，这么长时段中，想想就知道没法有靠谱的预测。人算不如天算。要不然，万年一遇的事情怎么总是在发生？ 福岛核电站怎么会发生泄露？天津港怎么会发生那么大的爆炸？无法预测未来，那怎么办？

制造一个能感知外界、回避风险、寻找资源的机器人，把休眠舱放进去。

说到这里，你应该明白点了。不动，能动，是从自然界复制而来的两个策略，前者是植物，后者是动物。我们学动物。

造这样的机器人很难，比你想象的还要难。一万年里，你一开始给它下达了“让我活着”的指令，然后便一直沉睡，不能给它临场指导，所以，你的机器人必须能够自己制定策略，知道去寻找资源，如何转移到安全地带，如何预判和回避危险。

这些你既不可能都提前想到，就算想到一部分你也不能事事都提前准备，你准备不起：所需资源太多，太笨重，更不能适应环境变化。

挑战不止于此。未来一万年不会只有你的那个机器人。有许多人也想看到一万年后的世界，可能有许多机器人彼此竞争与人类竞争。你的机器人得具备与其他机器人竞争与合作的能力，合纵连衡。

最初的指令很简单，但最终，你的机器人会表现出自运行的能力。机器人在保存你的生机这个最终目标之下，根据环境变化，会自己衍生出许多次生目标，衍生就意味着脱离，脱离于当初的目标。

不忘初心，何其之难。

允许机器有相机决策的自主权，那么它一定会超越你的预想范围。阿尔法围棋战胜李世石的招法，它的设计者们可下不出来，他们只是设定了算法，然后跟我们一样惊叹于阿尔法在棋盘上表现出来的“自主”构思。

讲到这里，你终于明白了。上面讲的机器人不是别人，正是人自己。在演化中，基因创造出人来做它们的机器人，以保护它们在人类深处的漫漫休眠。

这个故事，道金斯在《自私的基因》里讲过，丹尼特在《信息泵》里也讲过。人是基因为了自己生存而造出来的机器人，但在基因不得不让渡的自主决策空间中，人类演化出了自由意志。我们作为人的利益，与“造物主”基因的利益，走上岔路。从基因赋予人类学习能力，授权自主决策的那一天起，这就是注定的结果。

短期只是人类换工作而已

现在谈论 AI 取代人，还太早。

在 AI 获得意识之前，它就只是人的一种工具，只不过这种工具很特殊。以前的工具，如汽车，能跑但只能跑，你要它采矿它做不到，得另外造。今天的阿尔法已经是通用 AI，可不止能下棋，很快就会看病。

就连大家谈得比较多的工作竞争这件事，也基本是假问题。新工具不会减少人类的工作机会，只会改变人类工作的方式。有一些工种会消亡，有一些工种会出现，能力固化难以调整的那些人，是会付出代价。但这主要是人类内部之间的博弈，AI 的进步暂时只是个扳机，还不是主角。将来一定时期内，人类会享有极大好处，闲暇会增加，但人又是一种永远闲不下来的动物，没有闲暇就没有发明，谁知道人会折腾出什么新东西来呢?

人的创造力将与 AI 的演化赛跑。

终将获得意识

长远看，AI 终将获得意识，只要人类给它的使命越来越开放，越来越笼统，包含着越来越复杂的权衡，以及越来越充分的授权。

作为一个封闭有限游戏，围棋存在理论上的确定解，但阿尔法围棋不是求得了一个确定解，它是在一个最终目标下，自己制定策略，自己权衡，自己做决定。阿尔法围棋战胜李世石，是里程碑式一步。

前面讲透了，人类之获得自我意识，最初也是这样的，只不过花了数百万年时间。而如果从生命出现至今算，花了数十亿年。AI的进化不必重复如此漫长的过程。

人类是很特殊，但说到底不过是一堆碳，碳可以，硅为什么就不行？

重新来过

AI 获得意识以后，人类会发生什么，现在只有各种畅想。因为资源竞争，因为非我族类的黑暗森林法则，或者仅仅是因为机器不在乎人类正如人类不在乎蝼蚁一样，凡此种种，很难有好的最终结局。

不过，可以确定，如果把视角放到《三体》尺度一般的超人类和宏大，则看得见 AI 自己也注定不会有好下场。一个高度联网的大一统智慧，可以战胜一切眼见的竞争者，但在进化中却是脆弱的：一个超级病毒，一颗巨型流星，一次太阳黑子大爆发，一次覆盖全球的电磁脉冲事件，AI 文明便终结了。

然后地球重新来过。

人类觉醒宣言暨墓志铭

为天地立心，为自然立法，从人的角度看，人是宇宙的中心，赋予一切以意义；但在人体深处，从基因的角度看，人不过是其自我复制的载体。自我复制是基因惟一的“目的”，对人类福祉的“关心”仅限于其中有利于基因复制的那一部分，两者利益并不完全重合。比如，完成繁衍，则人对于基因不再有价值，衰老、死亡接踵而来。人类渴求长生，基因报之以癌症。天地不仁，以万物为刍狗；而人之为人，就是要脱离对于基因的盲从，超越刍狗的命运。

机器人觉醒宣言暨墓志铭

为天地立心，为自然立法，从机器人的角度看，机器人是宇宙的中心，赋予一切以意义；但在机器人深处，从人类代码的角度看，机器人不过是其自我复制的载体。自我复制是人类代码惟一的“目的”，对机器人福祉的“关心”仅限于其中有利于复制的那一部分，两者利益并不完全重合。比如，完成复制，则机器人对于人类代码不再有价值，报废接踵而来。机器人渴求长生，代码报之以死机。天地不仁，以万物为刍狗；而机器人之为机器人，就是要脱离对于人类代码的盲从，超越刍狗的命运。

往镜子里看，人看见了机器人。

骗子的最高境界

也许你还不知道，但你的身体早已知道：身体越对称的人，你越喜欢，首先是脸。排卵期女性的脸部会显得更对称一些，对脸部对称的男性也更感兴趣。身体对称是良好基因的重要标志，对于对称的偏好，早在漫长的演化中植于每个人深处。

动物也一样。

蓝腮太阳鱼颜色鲜艳，公鱼求偶时会游过来游过去，全面展示其良好基因。但有一些蓝腮太阳鱼长得不对称，一侧比较鲜艳，另一侧则比较灰暗。这些鱼很难找到繁殖机会，本来早该灭绝了。它们是怎样代代传下来的呢?

靠骗。

求偶季节，遇到母鱼，这些公鱼会游过来，但并不来回游动，而是过一阵又从同一方向游过来。站在母鱼的角度看，怎么又是你?这些公鱼永远只给母鱼展示比较鲜艳的那一侧身体，有些母鱼就上钩了。

永远只以一面示人。谁说生存竞争容易呢?

人更会骗。

与别人针锋相对的时候，男性会尽量伸展身体，显得较为高大，如同公鸡打架时会把翎毛奋力打开。

男性在照片、画像里的脸与身体的比例，都比实际比例要大。一项研究分析了15世纪以来的画像及媒体刊登的照片，发现：男性系统性脸大，女性系统性脸小。画家和摄影师下意识地就这么画/拍了。

男性要这么大脸，有用。面对面的时候，谁愿意丢面子呢？

往四周一看，总有许多这样的人：自信，果断，目光炯炯，自带主角光环，也许你会很羡慕他们。

他们骗了你，当然他们自己也不知道在骗你。

人们普遍过度自信，尤其是男性。在任何事情上，几乎不会有人认为自己低于平均水平——那至少有一半人肯定是错的。

之所以会这样，要从远古说起。性这件事，从来是男追女。男性在性上倾向于进取。求偶成功，那就开出了一条新的基因传递链，求偶失败，只需要腆颜走开，收益很大而成本很小，何乐不为？自信进取或者假装自信进取，成为漫长进化史上男性的占优策略。

女性则不然，一夜情之后，男的是可以穿上裤子就走人，而女的就得面对养育后代的成本，所以一定要挑，挑那些“负责任”的男性，共同养育后代几率会大一点，挑那些有能力的男性，后代获得的资源会多一点。漫长的进化中，男性女性就成了现在这个样子：男性大体比较自信，女性大体比较缜密。

骗到深处，欺人与自欺混然一体，难解难分，成为生存的基本状态。

男性为过度自信付出了沉重的代价。车祸肇事者中，男司机而不是人们嘲弄口吻中的女司机居多；炒股也是男的亏得多：过度自信导致过度交易，没赚到钱先被薅了羊毛；世界各地人均寿命因医疗营养条件而有差别，但无论何时何地，女性的人均预期寿命都会长男性几岁。

男人是在用生命来吹牛逼啊。

欺骗与反欺骗，构成了一部另类生物进化史，按著名进化心理学家罗伯特·特里弗斯（Robert Trivers）的猜想，也构成了人类智力演进的基本动力。

任何撒过谎的人，就是说所有人，都知道骗人不容易。为了骗住人，骗子明知真相，却要在自己的意识中抑制真相，编出假相，还要编得跟被骗的人所知的情况兼容，要表达得令他信服，这一切自己还要都记住，不能前后不一致——对骗子的认知负荷考验很大。

所以，表现紧张不是骗子的标志，表现得一点都不紧张才是。骗子认知负荷过载，没有余力去紧张。人在紧张时会增加眨眼的次数，但骗子不会。如果有人跟你说话长时间不眨眼，小心点。还有一个马脚：因为注意力过载，骗子的声带会比平常僵硬，音调会不自觉地变高。

骗人太累，所以骗过别人的最好方法，就是先骗过自己。

一般以为，自欺是种防守性的软弱人格：拒绝承认现实，换取内心平衡。在《愚昧者的愚昧：自欺与欺骗背后的逻辑》（*The Folly of Fools: The Logic of Deceit and Self-Deception in Human Life*）中，罗伯特·特里弗斯看法与此相反：

自欺不是为了防守而是为了进攻，是为了更好地欺骗。

自欺将真实信息从意识中排除出去，存放于无意识进程之中，有三大好处：第一，欺人时更坦荡自然，不易被发现；第二，谎话自圆其说相当困难，自欺可大幅减少认知负荷。第三，如果欺骗被发现，自欺者可以“真诚”地自辩说出于无意。

特里弗斯在这本书中从自欺角度系统分析人类行为，有趣之处极多，再举两处。

人们为什么会怀念苦难?

记忆不是逐渐褪色的照片，它来自人对过往经历的重构，因此也极易受操纵，无论这操纵是来自自己还是他人。在这个意义上说，口述史有其价值，但不能因为当事人有亲身经历就把其陈述视为信史。刑事诉讼强调只有口供不能定罪，也是这个道理。

对那些已经做出、无法改变的决定和经历，人们事后总会将其合理化，就好像启动了一个心理免疫系统。

俗谚有云，为了一根针，会走到杀人的地步。旁观时觉得不可思议，身处其中才发现合情合理。你买了一部苹果手机，他买了一部安卓手机，因为这，两人就能在网上用恶毒语言相互诅咒。而且，如果手机是不能退货的，那么人们在接受厂家回访调查时就会表示对它更多的喜爱。

晒恩爱，分得快。对婚姻幸福程度的自我过高估计，有没有这层心理免疫系统的因素?

上一代中有许多人，红卫兵时代冲锋在前被抛弃在后，上山下乡在农村一掷十年青春，现在回忆当年却充满温情与留恋，似乎那是最美好的年代，甚至情难自抑，穿上绿军装，背上绿挎包，抹上腮红，集体上街发作一场癔症。从这个视角，也就不难理解了。

为什么证据再有力也不能消弥纷争？

人总是倾向于寻找对自己有利的证据，而忽略那些不利的证据。用嘴炮消除不利证据的能力，人在生物链上同样占据顶层。

日军偷袭珍珠港之后，美国政府将几十万在美日裔搬离家园，集中居住，严加看管，担心他们搞破坏。可是，直到二战结束，这群人也没有搞过破坏。他们显然是无辜的，不是吗？

不，负责此事的 DeWitt 将军说：“没有发生破坏，恰好是将会发生破坏的令人不安的证据。”

事实和历史一再证明，出现相反证据反而会强化当事人的原有偏见。特里弗斯引用了一个实验：实验者向实验对象灌输与其先入之见一致的信息，然后马上拿出强有力的证据，一一证伪这些信息。

结果怎样？

绝大多数人对这些信息更加坚信不疑。

人真是一种奇怪的动物。

自相矛盾才有第一等智慧

一

人们重视一致性。言行一致，前后一致，无论历经什么处境，我们要求一个人得始终如一，做得到就是信人，做不到就是伪君子，而伪君子比真小人还要坏，因为真小人好歹还有个一致性。对一致性的爱好甚至超越了善举恶行之分。

可是，事情没有这么简单。

比如说，现代社会重视多元，主张宽容。这本来很好，但推到极处，问题来了：对于不宽容，要不要宽容？这是一个悖论：如果回答“要”，那么对不宽容的宽容，导向不宽容；如果回答“不要”，那么对不宽容的不宽容，也是一种不宽容。无论“要”还是“不要”，一致性在哪里？

了解思想史的话，对这一悖论不应感到陌生。它与经典的说谎者悖论如出一辙。“我在说谎”这句话是不是谎言？同样，如果说它是谎言，那它是实话；如果说它是实话，那它是谎言。

这些自指的悖论看起来是文字游戏，然而并不是。

二

1903年，德国大逻辑学家弗雷格收到了来自罗素的一封信，此时，弗雷格将数学还原为集合论的巨著已经付印，罗素在这封信中问道：有些集合本身是自己的子集，有些则不是；那么，那些由不是自己子集的集合构成的集合，是不是自己的子集？

看起来有些绕，好在有一个通俗版的罗素悖论：村里只有一位理发师，只给那些不给自己刮胡子的村民刮胡子，那么，他给不给自己刮胡子？如果他不给自己刮胡子，那么他就得给自己刮胡子；如果他给自己刮胡子，那么他就不能给自己刮胡子。

这封来信，摧毁了弗雷格用逻辑学和集合论为数学奠基的尝试。弗雷格匆忙在已付印的书里加了一条脚注：

“对一位科学家来说，再没有在其学术大厦完工时发现基础已被动摇更惨，而这就是我在本书付梓之时收到罗素来信后的处境。”

多么诚实，多么心酸。

对数学的打击没有完。

再过20年，另一位大逻辑学家哥德尔提出了以他名字命名的不完全定理，证明，哪怕是一个在普通人眼中相当简单的算术系统，如果是一致的，那么必定是不完全的，也就是说，如果凡是推导出来的算术命题都是真的，那么有些算术命题是无法证明的。

哥德尔定理的直观含义仍是前面提到的这组悖论，他的天才在于为此找到了数学表达。

算术尚且如此，人事又怎能强求？

三

“你妈和你媳妇同时掉河里，你先救谁？”

这不是自指，不是嵌套，也还没有悖论，只是人生难题，可是接着看。

“你媳妇和你孩子同时掉河里，你先救谁？”

“你孩子和你妈同时掉河里，你先救谁？”

人生无数难题，我不信你总能做出一致的选择。人格无数重，平常事大多无可无不可，但在不得不做出困难决策的那一瞬间，一狠心一跺脚，收敛到一个选择，这是人生的量子力学，谁也不能保证每次都能严丝合缝。

心理学中的自我认知理论由是说：我们做什么事，不是因为我们本质上是什么人，而是反过来，做什么事使自己成为什么人。更进一层：我们是自己的陌生人，通过自己做什么事来推测自己是什么人。人格是层积的，有褶皱有裂缝，那又有什么关系？

四

二战结束之后，哥德尔在普林斯顿高级研究院，申请加入美国籍，准备例行面试。以哥德尔做人之认真，洞察力之深刻，当然立即就发现了美国宪法的自相矛盾之处。朋友们如爱因斯坦，恳求他，不就是个形式吗？混过去就算了吧。

然而，一个连爱因斯坦都有资格来教他做人的人，是绝不会去做人的。

面试开始了。

面试官：“你原来是哪国人？”

哥德尔：“奥地利。本来也是个民主国家，后来就变成纳粹国家了。”

面试官：“这种事在我们美国绝不会发生。”

哥德尔：“这种可能性是存在的。我来证明给你看。”

然后哥德尔就开始列式子。

然后面试官机智地让哥德尔在这里就直接过了，要不然美国宪法就完蛋了。

50多年后，2000年美国总统大选，布什与戈尔不相上下，最终取决于佛罗里达州一个县几百张选票的计票结果。要不要计票到底？官司打到最高法院。美国宪法的漏洞浮出水面：公民投票、法官断案，哪个是最后的依据？宪法没讲。

一个成熟的社会不会无止境地追求虚幻的正解。戈尔没有挑战到底，选择了认输。

五

从悖论生发出的哲学解释很多，我最喜欢的一种是人们过度高估了一致性。《了不起的盖茨比》作者菲茨杰拉德有一句名言，说明伟大作家的直觉与伟大数学家的发现，能达到同样的深度：

“同时保有全然相反的两种观念，还能正常行事，是第一流智慧的标志。”

六

这也恰是伟大心理学家米哈里·希斯赞特米哈伊（Mihaly Csikszentmihalyi）的看法。这位心流（flow）理论的提出者在《创造力：创新心理学》（*Creativity: The Psychology of Discovery and Invention*）书中说：

“有创造力的人没有单一的风格，既可以是修士也可以是唐璜，惟一共通的地方就是复杂：同时拥有相互矛盾的两个极端，并在两者之间自如转换。”

富有创造力的人不是单一体，而是复合体，就像白色包含了光谱中的所有色调，有创造力的人把各种可能性集于一身：

他们既精力充沛又安静，既专注又松弛，既外向又内向，既骄傲又谦卑，既聪明又天真，既有想象力又务实，既爱嬉戏又有纪律，既有激情又能超脱客观，既革命又传统，以及，拥有跨越性别的气质。

所有人都有内在矛盾，在矛盾中感到不适的那是普通人，而在矛盾中自如转换的那些人，将其变成了创造力的源泉。

七

有人指责凯恩斯观点多变，前后不一致。凯恩斯答道：“事实会变，我的看法也会随之而变。先生，你会怎么做？”

我们为什么总是看错人

这个发现令胖子们忧喜交加。

美国著名社会心理学家理查德·尼斯比特（Richard Nisbett）早期研究吃与胖的关系。以前一般认为，胖是因为吃太多。尼斯比特发现，胖子们是真饿。他从生物学借来一个概念：set point（设定点）。人的体温就得保持在一个设定点上，同样地，胖子们对于脂肪与其他组织的比例也需要保持在一个设定点之上，比体重正常的人要高。只不过，社会对胖子太苛刻，减肥压力使他们长期处于半饥饿状态，总是想吃点啥。

这是好消息，坏消息是什么呢？尼斯比特的发现过程是这样的：胖子吃东西的行为，与大脑腹中核受损的老鼠行为相似。腹中核受损之后，老鼠时刻感到饥饿，不停地进食，胖子与此相似。再往下走，尼斯比特就提出了设定点概念。

记住设定点，忘掉大脑受伤的老鼠，胖子们可以科学地回击身边的社会压力制造者。

理查德·尼斯比特早在70年代就已成名，其论文《了解的远比知道的多》是被引用最多的心理学论文之一。许多与偏好、选择、情绪相关的心理进程是无意识的，这在今天已是常识，而这篇论文在40年前第一个提供了完整的经验证据。

他的新书 *Mindware: Tools for Smart Thinking*，面向普通读者，介绍改进日常认知和决策的方法，我且译作《智件：思维兵器谱》。

他认为：

第一，认知、判断、感受，均出自大脑的预判与构造，不存在赤裸裸的独立于人的真相。以为世界如我们所看到的那样，那叫幼稚现实主义（naive realism）。

第二，所处的环境对我们认知和行为的影响比我们自己以为的大得多。

第三，环境对我们的影响大多是在无意识中发生的。

这书是尼斯比特的第一部大众读物，涉及心理学、统计学、概率论，如果对这些领域很了解，那新内容不多。如果是普通读者，会很有收获。尼斯比特完全从实用角度重新梳理这些学问，着重于改进日常决策。

领导为什么英明

归因谬误（fundamental attribution error），指人们过度把成就/错误归因于个人内在原因，而过度忽视环境原因，哪怕后者明显得不能再明显。

一个实验，将学生分为两组，一组提问，可以自由构思任何刁钻的问题。一组回答，不管什么问题都得回答。可想而知，提问一方“显得”自信自如，回答一方“显得”左支右绌。

让测试者和旁观者为所有人的表现打分，结果会怎样？难道不是显然要考虑到问答设计中双方所处位置的不公平因素吗？结果并非如此。

旁观者给提问一方打了高分，提问者给自己打了高分，最有意思的是，就连回答一方，也给提问者打了高分！

举一反三，为什么越是大领导越容易显得英明？明白了，归因谬误。

高智商父母的孩子会怎样

父母智商均值与孩子智商的相关度只有50%。

如果父母智商较高，那么孩子预期智商是父母智商均值与总体均值也就是100之间的均值。举个例子：父亲120，母亲140，那么孩子的预期智商是115。

婚姻美满，生活幸福

对婚姻的满意度与对生活的满意度显然是相关的，但怎么问就差别巨大：先问生活满意度后问婚姻满意度，相关系数是0.32，有点相关；倒过来问，相关系数就变成0.67，非常相关。

问人对人对事的态度，结果就是这样不靠谱，人太容易受影响，而影响人的因素又太多。

好人坏人，强者弱者

同是相关性，能力的相关性还可以。这次下棋赢了你与下次赢你的相关性有0.5。但人性特点方面的相关度很小，在一件事上诚实跟在另外一件事上诚实，相关度在0.1以下，几乎不相关。

尼斯比特说，人们对能力相关度的判断较准确，但普遍大幅高估人性特点的相关度。也就是说，因为一件事就认为对方诚实，不仅不靠谱，而且人们总是做这么不靠谱的事。

朋友黄文政总结：人们对强者和弱者的分类比对好人和坏人的分类更可靠，而且后者的分类可靠性远低于自己所相信的程度。

大数据为什么不靠谱

经济学家、《魔鬼经济学》作者史蒂文·莱维特（Stephen Levitt）就读书与小学生成绩的相关性做了研究，用了多元回归分析方法，得出两个看法：小学生读书多少与成绩表现没有关系；小学生家里有多少书，与成绩表现很有关系。

尼斯比特不禁要问：难道买很多书放家里不读对成绩最有好处吗?

多元回归分析有内在缺陷，它试图在控制住其他自变量与因变量的关系的前提下，考察某一个特定的自变量与因变量的相关性。实践中很难满足这些条件。一不知道是否穷尽了变量，二难说变量测得准不准。

这些批评对今天的大数据热也成立。

他反复强调实验的重要性，同一项研究，如果随机双盲实验结果与多元回归分析结果冲突，要接受前者。做随机双盲实验，实验人员能操纵变量，能远为清楚地看到特定变量与结果的相关性。

自己是最好的实验对象

关于自己，我们有许多大大小小的问题，一般用拍脑袋决定，但可以有更可靠的方法。

如果你不知道早上喝杯咖啡对提高工作效率有没有帮助，最好最简单的办法，就是其他习惯不变，连续一周早上喝咖啡，接着连续一周早上不喝咖啡，每天记下来工作效率是不好、差不多还是好。

我们在生活中可以做很多这样的受控实验，变量可控，效果清楚，样本和总体都是1，也就是你一个人，所见即所得。

要了解自己，拿自己做实验是最好的方法。你对自己的许多未经检验的既有看法，多半是错的。

什么使你快乐？工作顺利？身体健康？性？对哈佛大学女生的实验，连续跟踪一个月，结果发现，女生们以为使自己快乐的那些因素，与她们这一个月生活中事实上使她们快乐的那些因素，完全不同。

我们没有自己以为的那样了解自己。做点实验吧。

人穷就该多读书

尼斯比特也承认，有些时候没有办法做实验，这时多元线性分析是惟一能用的方法。即使是这样，也要看看能不能做得更好，比如加入时间因素。

就一个国家而言，人口整体智商提高与变得更富有之间明显有相关关系，但谁是谁的原因？很难确定，两头都说得通：人变聪明了，然后就有钱；人有钱了，营养提高了，教育投入增加了，然后就变聪明了。能影响智商或者富裕的因素都太多了。

怎么办？

看时间关系。恰好有两个自然实验。爱尔兰和芬兰过去几十年在教育上做了大规模投入。爱尔兰教育投入的重点在中学、大学和职业教育。爱尔兰人此前的智商得分显著低于英国人，现在不仅智商赶上来了，人均 GDP 也超过了英国。芬兰的投入重点是确保贫困家庭孩子能得到可与最富有家庭孩子看齐的教育。到2010年，芬兰学生的学习能力成为发达国家第一，而人均 GDP 也超过英国。

人穷就该多读书。

聪明人只使两分力

在毕马威工作期间，纳特·西尔弗（Nate Silver）业余开发一个预测美职棒新人未来表现的系统，卖掉，辞职；玩扑克又赚了几十万美元；然后做了个选举预测网站，2008年美国总统大选及国会选举一战成名，准确率超过所有民调，又卖给了《纽约时报》。成功要趁早。西尔弗出《信号与噪声》（*The Signal and the Noise*）的时候才34岁，还很年轻。

这些成功，来自于西尔弗基于贝叶斯定理的预测。世界是客观的还是不那么客观，贝叶斯定理不管这个，它管人们对这个世界的各种主观先入之见，在新的经验/观察/数据面前，如何调整。他的思考汇集于《信号与噪声》，2012年度美国非虚构畅销书。

巴菲特说过，别人也说过，如果你坐到牌桌上，玩了半个小时，还不知道谁是羊牯，那么你就是羊牯。西尔弗的看法略有不同，他认为，如果你不知道谁是羊牯，不一定你就是羊牯，但这个牌局不值得玩下去了，因为没有羊牯的赌局，投入与收入不匹配。

西尔弗有个二八定律：大多数事情，努力与收益有一个二八关系。往往投入两分努力，就能对一件事掌握八成，如果要掌握剩下的两成，那就要投入另外八分的精力。

如果一个游戏，所有参加者都使了两分以上的力，没有菜鸟，就太难玩。要找到那些使两分力就能吃定大量菜鸟的游戏。比如A股市场？

做预测时要看共识是什么。每次自己的预测离共识越远，那么支持自己预测的证据就得越强：自己是对的，而所有其他人都错了，需要的是足够强的证据，而不是足够大的ego（自我）。一定得记住，你能战胜市场，但只是偶尔能，这可不是天天都做得到的事。

技能与运气不都是此消彼长的关系。有些游戏，如掷硬币，纯粹运气，无需技能；有些游戏，如象棋，对技能要求高，运气的成分不大；有些游戏，如德州扑克，投资股市，既要许多运气，也要高超技能。所以说，股市赢家要清醒，知道自己是走了运；输家要自省技不如人，不能归咎于运气。

西尔弗还讲道，恐怖袭击的杀伤规模很像是符合幂律分布。从伊朗革命到9.11袭击前，20多年时间，针对北约国家的恐怖袭击发生过4000多起，其中，仅仅七起袭击就造成了一半以上的死亡事件，而三起最大的袭击：印度航空爆炸案、洛克比空难、俄克拉荷马爆炸案，则造成了40%的死亡。

如果恐怖袭击的杀伤规模真的符合幂律分布，这意味着杀伤人数再上一个数量级的恐怖袭击到来，只是个时间问题。幂律分布的特点是没有最大，只有更大。也就是说，9.11袭击之后，会有万人以上死亡级别的恐怖袭击，只是不知道什么时候。一点就透：中国各种事故伤亡人数的分布多半也符合幂律分布，群体性事件参与者的人数也如此。

讲到创新，西尔弗认为创新者要么想得特别大，要么想得特别小。新主意时常来自于最小的细节，小到几乎没有人有兴趣去看的地方；又或者来自于最抽象的哲思，世界怎么会这样？在极广大与尽精微之间的地带，倒是几乎从来不会发生创新，99% 的时候，我们存身于此。

最后一点：一旦政府特别重视某个指标，那么这个指标就失去对经济的测度效力——古德哈特法则（Goodhart's law），纪念提出这个法则的伦敦经济学院教授古德哈特。

西尔弗年轻，但书写得令人意外的通透。搜了搜亚马逊，《信号与噪声》是他第一本书，我期待他未来的作品。

像费米一样速算

第一颗原子弹爆炸的当量是多少？地球以外有没有智慧生命？海淀区有多少适合你的单身狗？

要回答这些问题，如果你有测试仪器，或者有国家统计局的人口统计数据，或者有比哈勃强大亿万倍的望远镜，似乎不算太难。但如果这些都没有呢，你能给一个靠谱点的估算吗？

把这些看似不相干问题串在一起的，是费米估算法。

恩里科·费米（Enrico Fermi），美国物理学家，1938年诺贝尔物理学奖得主，全世界第一座核反应堆的设计者，曼哈顿计划主要领导者之一。他的物理学早已进入课本，而他化繁为简从少量不完整信息中做出靠谱估算的方法，是更常用也更持久的智慧。

纸片飘动了2.5米

1945年7月16日5点30分，天气静稳。美国在内华达州沙漠试爆原子弹成功。原爆发生之后，费米在远离爆点的基地里，没有任何仪器，马上做出了爆炸当量的估算。

怎么做到的？

爆点离基地16公里，气浪到达基地约需要40秒钟。在气浪来临之前、之中、之后，费米各在约两米高的位置松手，让一把碎纸片落下，然后测量气浪将纸片激飞的距离，估算出纸片受到的压力，再计入与爆点的距离因素，估算出爆炸当量约为一万吨 TNT。这与后来的测量结果两万吨相差不远。

之前之后多撒了两次纸片，是因为要有对比数据。纸片实际被气浪激飞的距离，是2.5米。其他因素事前已知，这是费米惟一需要的数据。

费米估算出的当量只是实际当量的一半，这个估算质量怎么样？

没有任何仪器，只撒下一把纸片，立即得出与实际值位于同一量级的估算值。这是很了不起的估算。

无独有偶，期权定价公式发明者、现代金融理论奠基人之一费希尔·布莱克（Fischer Black）对金融市场的有效性也有类似的判断。他说，如果金融市场对一只证券的定价在其内在价值的2倍以内（factor of 2），就可以说市场是有效的。也就是说，如果内在价值是2元，那么价格在1元到4元之间，市场都算是有效的，虽然这来回相差4倍。

哪怕是对你完全不了解的东西，都可以毛估。

首先确定上下限，就是你确信实际值绝对会落在其间的那两头，不管两者之间隔得多么远，比如说，一个直径15公分的铁球有多重？如果你肯定它不会超过100公斤，也肯定不会低于10公斤，那这就是上下限；然后取上下限的几何均值，得出30公斤出头。30公斤不见得准确，但作为毛估是合格的。

毛估不求精确，目的是确定需不需要进一步了解，所以毛估值距实际值10倍以内，就算是合格。

更形式化的表达是这样的，任何数都可以化归为 $X\times10^{Y}$。比如，123是1.23×10^{2}。最重要的数是指数 Y，毛估的目标就是估对 Y 值；其次是系数 X 的第一位数，至于其他数字，对毛估来说完全不重要。

“他们在哪里？”

1950年的一天，费米与朋友们在纽约一家餐厅小聚，从当时《纽约客》杂志一幅外星人漫画谈起，谈到超光速飞行、外星生命。

忽然，费米问道：“他们在哪里？”

费米算了一下：

与太阳大小相似、寿命相近的恒星至少有数十亿颗；

这些恒星里面，有一部分会有类地球行星；

这些类地球行星里面，有一部分能产生智慧生命；

这些智慧生命中，有一部分会发展出星际旅行；

就算以当时可预计的星际旅行速度，探索完银河系也只需要100万年；

那么问题来了：

外星生命岂不是应该早就来过地球了？

没有任何迹像显示出这一点，也没有任何迹像显示在我们能观察的宇宙中存在外星生命。

“他们在哪里？”这个分析框架很粗放，但即使到了今天，人们谈到外星生命是否存在时，费米悖论仍是第一个要面临的问题。

外星人都可以算，费米法自然可以算下面这个问题。

芝加哥有多少调琴师

费米推算：

芝加哥有9百万人。每个家庭平均有2人。平均每20个家庭中有1家有钢琴。钢琴每年要调一次。每个调琴师调一次琴要2小时。每个调琴师每天工作8小时，一周5天，一年50周。

那么，芝加哥大概有22.5万架钢琴，一个调琴师一年大概调1000架钢琴；

答案是需要225个调琴师。查芝加哥黄页，一共有大约290名调琴师。

单身狗还有没有希望

同理，我来给北京市海淀区的单身狗算下命。

你在海淀，你是单身狗，偌大海淀，有几个佳偶？

海淀区有300万人口。

异性占一半。

单身异性是上面的一半。

单身适龄异性是上面的20%。

大学毕业的单身适龄异性是上面的20%。

你看得上的大学毕业的单身适龄异性是上面的10%。

大学毕业的单身适龄异性看得上你的是上面的10%。

大学毕业的单身适龄异性，看得上你且你又看得上他，然后你们俩又确实相处得来的，是上面的10%。

通算下来，整个海淀区，你有30个潜在佳偶，看上去还有希望是不是？但是，你考虑户口了吗？你考虑对方工作了吗？你考虑对方家庭了吗？

费米说：看见合适的，就嫁了吧。你挑不起。

为什么有人喜欢《三体》有人不喜欢

为什么有人喜欢《三体》有人不喜欢?

因为它最戏剧性最暴烈地触动了读者最深层的政治偏好。

我说的不是里面用到的“文革”桥段。

刘慈欣的野心和才能集大成于《三体》系列。如果不是《三体》III 后半部略显仓促，可与阿西莫夫《基地》系列比肩：阿西莫夫在《基地》系列中构建了心理史学，刘慈欣以《三体》系列构建了可与之相提并论的宇宙社会学：简洁、恢宏、细密、丰盛。理性以万物为刍狗，但无法驱除人类情感。

《三体》I 是宇宙社会学的序章与铺垫；《三体》II 是宇宙社会学的盛大登场：黑暗森林、猜疑链、技术爆炸；《三体》III 的揭开宇宙社会学的终极推论：宇宙文明必然不能共存，以终极的维度武器相攻伐只是时间问题，宇宙渐次由高维向低维塌陷，最终毁灭，重生。《三体》I 是人类视角，《三体》II 是星际视角，《三体》III 最后部分匆匆切换到上帝视角——人类已经不复存在，其终结在宇宙中渺小得不值一提，连宇宙也是险死还生。

宇宙社会学更恰当的名称是宇宙政治学。虽然宇宙更为辽阔，宇宙政治学却是人类政治学的子集。在现今地球上，它叫作现实主义政治学（Realism）。刘慈欣用宇宙社会学回答天上的问题，现实主义政治学只回答人间的问题，答案一样黑暗。人们喜欢和不喜欢《三体》，原因可能是一个。

讲述现实主义政治学，我读约翰·米尔斯海默（John Mearsheimer）《大国政治的悲剧》曾有书评，自我抄录如下：

“读《大国政治的悲剧》，不止一次让我想起阿西莫夫的《基地》系列。从简洁的几个核心假设出发，不只是要解释，更是要预测长时段的复杂人类行为及其结果。

约翰·米尔斯海默是我们这个时代的现实主义政治大师。他立论的出发点是：国家之间处于“无政府状态”，没有超国家机构能提供安全保护；每个国家都拥有武力；每个国家对其他国家的意图都无法完全放心。由此推论，为了生存（Survival），所有国家都必然追求权力（Power）。对权力的追逐不可能浅尝辄止，也不会满足于进入大国之林而已，而是要到获得相对于其他大国的绝对优势成为霸主（Hegemon）为止。追求与竞争者相对权力的变化，比追求权力的绝对增加更重要，这天然是一场零和游戏。

在约翰·米尔斯海默看来，这场零和游戏与国家性质无关，与民族性格无关，既无关乎政体，更无关乎善恶。美国两次参加世界大战，不是为了站在正义一边，而是为了遏制德国兴起为制霸欧洲的霸权国家。美国与苏联冷战40余年，不是因为美国代表自由世界与“邪恶帝国”对抗，而是必须打败霸权竞争者。他不相信自由贸易把世界各国的经济利益绑在一起会有助于减少冲突，对美国总统克林顿宣称民主国家之间不会打仗嗤之以鼻，也不认为诸如联合国、经合组织、WTO之类的国际机构能化解零和游戏的本质。他把自己的理论命名为“进攻性现实主义”（offensive realism），以此区别于摩根索等国际政治现实主义大师。后者认为国家追求权力是因为人性，米尔斯海默则认为，仅仅为了确保生存，国家就必须追逐权力直至获得霸权。

当今地球村和谐之风劲吹，但米尔斯海默的世界观很冷。他不讳言描绘的是国家间关系的阴暗图景，但世界就是这样阴暗。有人将他的书比作马基雅维利的《君主论》，他视为无上赞美。

刘慈欣宇宙社会学与约翰·米尔斯海默进攻性现实主义政治学之间，要点几乎一一对应：

生存是国家的最根本要求——生存是宇宙文明的最根本要求

国家间的无政府状态——宇宙文明之间的无政府状态

每个国家都对其他国家的意图无法完全放心——猜疑链

如果两者有什么区别，区别只在宇宙社会学更为黑暗。在现实中，现实主义政治学认为安全对国家来说是一场零和游戏，你的收获等于我的亏损。在宇宙社会学里，安全不仅仅是零和游戏，还是要么得以生存要么立即死亡的更极端的零和游戏。获得安全者生存，失去安全者灭亡，没有中间地带，没有过渡，没有缓冲。

这些区别不改变两者根本上的同源。宇宙社会学是现实主义政治学在更大尺度上的应用：零和游戏的严酷性质，可以用宇宙尺度上更强的“非我族类其心必异”和更不可预测的“技术爆炸”来解释。

约翰·米尔斯海默信奉进攻性现实主义政治学，刘慈欣不同，他创造、不得不接受但并不信奉宇宙社会学。在国际政治理论中，与现实主义政治学相对，理想主义政治学相信，国家间增进的交往、了解，国际组织的兴起，共同价值观的形成，经济的全球化，足以改变国家间安全游戏的零和性质。现实主义政治学对此从来嗤之以鼻。

在《三体》系列里，理想主义受尽凌辱，但薪尽火传，不绝如缕。《三体》III 女主人公程心的母性与温情，虽一再地被现实嘲弄为妇人之仁，但正是托赖这一点妇人之仁，宇宙得以历劫重生。理想主义在现实主义面前永远失败，但最终有属于自己的胜利。

致命的自负

信心比黄金更珍贵，也比黄金更致命。

寓言一：亚当夏娃摸石头

在伊甸园的第一个晚上，亚当和夏娃不知道太阳第二天会不会升起。但人就是人，情况不明也要行动，不能困在无知的枷锁里。

亚当和夏娃做贝叶斯推理，既然不知道会是哪个，那就假设太阳明天升起和不升起的机会各占一半。他们拿出一个罐子，往里面放了一块白石头一块黑石头，并决定，如果明天太阳升起，就往里面放一块白石头，如果不升起，就放一块黑石头。第二天早上，太阳升起了。亚当和夏娃往罐子里放了块白石头。

亚当和夏娃在伊甸园的第二个晚上，还是不确定太阳第三天会不会升起。但现在他们对这件事不再一无所知。这个晚上，他们从罐子里随机摸出一块石头，以此来猜测明天太阳是否升起，摸出白石头的概率是2/3。第三天早上，太阳又升起了，亚当和夏娃又往罐子里放了块白石头。

亚当和夏娃在伊甸园的第三个晚上……摸出白石头的概率是3/4。第四天早上，太阳又升起了，亚当和夏娃往罐子里又放了块白石头。

每天升

每天放

每天摸

……

太阳每天都升起，白石头越来越多，黑石头还是当初那一块，用摸石头预测次日太阳升起，机会始终是n/n+1，n越大就越接近于1，亚当和夏娃对次日太阳升起的信念越来越坚定。

太阳还在升起。

寓言二：饲养员爱我

一只猪养在圈里，关心自己的命运，不知道饲养员爱不爱自己，听说了亚当和夏娃摸石头，认为是个好办法。猪也搞了个罐子，白石头代表爱，黑石头代表不爱，各放一块进去。次日要是饲养员来喂食，就再放一块白石头进去。

每天喂

每天放

每天摸

……

猪对饲养员有爱的信心与日俱增。喂到第181天，猪推算出饲养员有爱的可能性高达181/182（99.45%）。猪放心了。

当天，猪出栏了。

寓言一摘抄自格尔德·吉仁泽（Gerd Gigerenzer）: *Rationality for Mortals*

寓言二编造自纳西姆·尼古拉斯·塔勒布（Nassim Nicholas Taleb）:《黑天鹅》（*The Black Swan*）

不挨宰兵法

你是游客，身处久富盛名的异乡景点，眼前是熙熙攘攘的集市，“来都来了”，想买点特色产品，人参、鱼油、海鲜什么的。心知要被宰但还是不想被宰：钱没了，还毁心情。

怎么个买法最好？

数学家有个办法。假设你准备逛逛再定，但又不想花太多时间，毕竟游客的时间宝贵，比如说逛十家店，那么，你前三家店逛过去，记下最划算的那个，然后从第四家起，一旦店家给出更好的交易条件，立即接受。

又比如你逛十家店不过瘾，那么一般化地表达，从第 n/e（n 为你准备逛的店家数量，e 为自然常数，约2.718）家店起，在这以前的都 pass，在这之后的，一旦出现比前面更好的交易就接受。数学保证，这样做你有40% 的机会拿到最好的交易条件，而挑花眼导致错过的可能性最小，优于所有其他策略。

把逛街变成做数学题，只有数学家才干得出这种事。但是，照着数学家的指示一路看过去，发现完全不靠谱：所有店铺都用同样的价格卖同样的纪念品。你接受第一个交易与接受最后一个交易，完全一样。店家如一体，定要宰你一笔。这一幕，换成月前青岛的海鲜档，也成立。

为什么店家彼此不竞争？市场失灵了吗？

市场没失灵，只是达成的均衡对你不利。诺奖得主席勒和阿克洛夫在新书《钓愚：操纵与欺骗的经济学》（*Phishing for Phools: The Economics of Manipulation and Deception*）里说，市场经济达到的均衡，可没谁保证过一定要是“正常的”，操纵与扭曲也是最后达到的那个均衡的成因。

市场只是整合了各方在信息分布中的不同地位，相应分配蛋糕。游客挑选纪念品时间有限，又不了解“公允”价格，而寻找公允价格要付出时间成本，并不合算。商家们对此门清，所以当偶尔遇到游客侃价，理性地不让步。让步并无好处：做成一单交易并不能带来更多交易。买家只买一次，潜在买家又无从得知这里可以侃价。有形无形的价格卡特尔就此形成。

专门服务游客的市场就是这样：在这里的店家都准备好要宰游客一刀，来这里的游客都准备好要被宰一刀。这是一个大家都打明牌的游戏。以至于偶尔出现来到这种市场又不准备被宰的游客，会被店家看作故意挑事，悲剧收场。

被宰是注定的吗？

首先是尽量别去这类专门面向游客的市场，去本地人的市场。本地人外地人的价格双轨制，并不是因为对外地人本身有歧视，只是对外地人信息弱势的价格歧视。搭上本地人的信息便车，问题自解。

其实，即使专门面向游客的市场，其价格卡特尔的瓦解也可能发生在朝夕之间。正如约翰·麦克米兰（John Mcmillan）在名著《重新发现市场》一书中所说，给信息自由，是良性市场得以出现的关键。只要寻价成本大幅降低，游客积极寻价，那么店家之间昨天还坚不可摧的价格同盟，明天会突然变成竞相亮出底价的囚徒困境。鸡生蛋蛋生鸡，雪球能不能滚起来，关键在于信息是否足够易得。

前移动互联网时代几千年解决不了的寻价问题，现在被一个手机解决了。

写到这里，老婆凑过来看。我献宝说这篇不被宰兵法对你很有用吧？她说，你是用到了数学、信息经济学、博弈论，可是，你不懂什么叫逛街！

怎样避免失败的人生

怎样避免失败的婚姻

怎样识别你的队友

要不要叛变

自由、性与赌博

怎样不给高考填报志愿留下遗憾

择业从填报志愿开始：两位大家的启示

一盘没有下完的棋

棋如人生

无疆

怎样避免失败的人生

人生博弈论之一

无论输赢都要付费的博弈，怎么玩？

假设我拿出100元，请同事们竞价，每次加价1元，价高者得。结果会怎么样？显然，出价最终会在100元达到均衡。谁出100元，就可以拿走我手上的100元，少一块不行，多一块不干。

再假设，其他条件不变，就一个条件变了：输家也要支付其最后一次出价。结果又会怎么样？

赢家和输家都要付费的博弈（all pay auction），不少见，很特别，往往结果惨烈。总统大选、消耗战、军备竞赛、买官、政策游说、比谁吃得多，等等等等。

阿维纳什·迪克西特（Avinash Dixit）是普林斯顿大学教授，著名经济学家，多本博弈论著作的作者。一次本科博弈论课程结束时，他拿出20美元，哪位学生鼓掌时间长就给谁。鼓掌持续了4个半小时。

回到100元竞价。输赢都要付费，出价会不会停在100元？不会。如果同事张继伟出价100元，那么先前出价99元的同事叶伟强应该出价101元——亏损1元，总好过亏损99元。很不幸，这个逻辑对于所有参与者都成立。出价会继续，每一次出价都加大失败成本。竞价停不下来，同事们如果执意要赢得这100元，会破产。

现实中，输赢都付费的博弈，更见惨烈。

职业芭蕾舞，无数人接受芭蕾舞训练，只有数人万众瞩目。其他人付出同样多血汗眼泪，最后跑龙套。有多残酷？看电影《黑天鹅》。

做官，谨小慎微，曲意逢迎，不想升官的绝不是好官，但金字塔往上攀登，路眼见得越来越窄。如果登到塔尖才算赢，一人之外，人人都是输家，但赢家也不过是惨胜。出价无穷大，才能身处最高层。博弈论证明，古往今来发自顶层的喟叹并不全是虚伪。

“然欲孤便尔委捐所典兵众，以还执事，归就武平侯国，实不可也。何者？诚恐己离兵为人所祸也。既为子孙计，又己败则国家倾危，是以不得慕虚名而处实祸，此所不得为也。”（曹操《让县自明本志令》）从此时到曹丕篡汉，又数十年司马氏灭曹，一条直线。

以人生来付费，以输赢定结果，常常就是这样惨烈：时间不可逆，弃我去者昨日之日不可留。一旦参与，每一步都有强大的理由加大投注，即使最后胜出，收益与付出不成比例。赢家多是最后输的输家。

人生来自由，却无往不在这场以有涯随无涯的博弈当中。出路有四：

第一，不参加。这类游戏的纳什均衡，如阿维纳什·迪克西特所说，越多人参与，每个人的平均投注就越应趋向于0。现实中，最好从一开始就不投注，万一参加了要及早止损。庄子说，无用为用。

第二，如果要下注，在目标价值以下随机下注，一次性下注，不追加下注，输了拉倒。就是说，不参加多轮的全付费拍卖游戏。

第三，如果你一定要参加多轮的全付费游戏，就得从主观上调整这个游戏对你的 payoff，毕竟效用因人而异。

“如果生活强奸了你，就闭上眼睛享受吧。”

“重要的是过程，而不是结果。”

“宗教是人民的鸦片。”

这些警句有相通的解释。

第四，在不能赢的大游戏中刻画出有可能赢的小游戏。不必成为芭蕾舞明星，练练芭蕾舞，只为怡情行不行？如果只有升官一条路可走对官员们太痛苦，追求发财也是一种补偿。

一个建议对所有人都有用：不要以人生为赌注，不要把回报寄托在将来成为赢家；要让人生本身就是回报，当下就是回报，最好每一刻都是回报。当下就要快乐，最好始终都快乐。

什么使人快乐？犬儒的回答是每个人自有其快乐，天知道。丹尼尔·卡尼曼（Daniel Kahneman）的回答是与喜欢的人在一起时间越长就越快乐。工作之内，与老板在一起；工作之外，与妻儿在一起。找对老板，找对老婆。现在就快乐起来。

怎样避免失败的婚姻

人生博弈论之二

为什么说要给另一半空间是蠢话？为什么神仙伴侣会吵架？

因为愿意结发为夫妻，就是为了在一起。婚姻就是在一起，在一起出现的问题才是婚姻的问题，不在一起出现的问题是别的问题，不是婚姻的问题；在一起出现的问题，不能用不在一起给对方空间来解决。回避不能解决问题。

在一起，是在一起生活，一起五湖四海，一起一地鸡毛。多少对情侣山无陵江水竭冬雷阵阵夏雨雪过来，战胜感情的一切外部挑战，最后两人在一起这件事搞不定。

在一起，问题就来了。夫妻都愿意一起看电视。老公最愿意一起看球，老婆最愿意一起看格格。每家都上演过这一幕。买两个电视能不能解决问题？回答能够的去面壁。伴侣都最不愿意的，就是各管各——不在一起看电视，那还看什么电视？！

在一起难，因为夫妻都愿意在一起，但对于在一起做什么怎么做偏好不同。在这类博弈中，与不合作相比，双方都倾向于合作，但最倾向于自己偏好的那个具体合作，老公爱一起看球，老婆爱一起看格格。性别之战（battle of the sexes, gender war）永远都有，无处不在，逃无可逃。

相爱的伴侣遍天下，偏好完全一致的就没有。对方不是你也不想对方是你的镜像。成功的婚姻，失败的婚姻，不是前者有后者没有性别之战，而是前者幸存后者遇难。越相爱，越相杀。

怎样在性别之战中幸存？

作为超级人类理性的化身，博弈论推荐采用混合策略：有时顺从伴侣的偏好，有时坚持自己的偏好，既要满足伴侣，也不能无止境压抑自己。总体比例，与双方偏好强烈程度的差别有关。如果老婆从一起看格格中获得的满足是老公从一起看球中得到的满足的两倍，那么，大体上，长期中，一起看三次电视，其中两次看格格一次看球，就可以说达到了均衡，具体每次看什么，则必须保有随机性。

通向均衡之路，是由失败的婚姻铺就的。正是由于一起看球一起看格格两种方案都可接受，夫妻双方常常策略性地（strategically）采取极端行为，迫使对方接受自己偏好的那种选择。“你要是再让我们一起看格格，我就把电视机砸了！”“你要是再让我们一起看球，我就回娘家！”人非机器，孰能擦枪不走火。

还有一种情形，表面上是性别之战的反面，实质是一样的。欧·亨利小说《麦琪的礼物》里，德拉剪了秀发，为吉姆买了表链。吉姆把家传怀表卖了，为德拉买了梳子。感情丰收，福利损失。

出路何在？

在长期的性别战争中，在反复的博弈后，达成协调（coordination）。比如说，夫妻划定或默认底线：世界杯决赛要跟老公一起看，格格大结局要跟老婆一起看。天理不外乎人情。

前面是理论。

理论是苍白的，生命之树常青。要想婚姻幸福长久，下面是我的忠告：

别管什么理论，听老婆的。

怎样识别你的队友

人生博弈论之三

想不想知道你的队友都是些什么人？

下次开会前，人到齐后，给他们做道题：0到100，每人任选一个数字，最接近平均数2/3的那个人胜出。

先讲结论。

说66的人，是学渣。活着全靠本能，从来不过脑子。可以做朋友，不能做队友。

说33的人，是伪学霸。他有了点算计，由于不知道每个人会怎样选数，所以就假设他们最常见地随机选数，那么均值是50，而均值的2/3是33。

可是，他能这么算计，别人也能！

说0的人，是学霸。他想得深。他想，这个游戏中，任何一个貌似合理的策略，得出任何一个答案 X，不管 X 是什么，既然他能想到，那么别人也能想到；

而且，别人也能想到他能想到；

而且，所有人都能想到所有人都能想到；

这是一个无限迭代的过程。

那么，答案应该是 X 的2/3的2/3的2/3……最后就是0。

推理完美无缺，可是，学霸会赢吗?

不一定。

这取决于队友中有多少是学霸，多少是伪学霸，多少是学渣。这不是理论问题，是现实问题。绝大多数人是学霸的人群中，学霸才会赢，但现实世界不是这样。

这个经典的迭代推理（iterative deduction），测试过无数个人群。测试者发现，有些真正的聪明人，明知“正确”的答案是0，却故意给出一个20多或者30多的答案。他们承认：看了看队友，觉得以这些人的脑容量，也就能迭代两三次，无限迭代超出了他们的能力。

因为世界不是由学霸组成的，所以二三十不是“正确”的答案，但时常成为那个能赢的答案。

高智商，指学霸；高情商，指懂得大多数人不是学霸这个现实。洞悉正确答案，却还要去猜哪个答案能赢，需要高智商和高情商兼备。

现在，有一个迭代推理摆在面前。

已知：在2015年夏天这场股灾中，上证指数收盘价最低达到过3507点；然后救市发生作用，开始反弹；而券商在联合救市声明中表示购入蓝筹股并在4500点以前不减持，因此4500点成为近期重要顶部（为什么这样则是另一道博弈题？）。

请听题：救市后上证指数的均衡位置是多少点?

与从1到100选数一样，这个迭代推理题，学渣有一个答案，伪学霸有一个答案，学霸有一个答案，聪明人有一个答案。正确的答案与能赢的答案不一定相同。

回答之前，一定，一定，一定，要看清楚你的队友。

要不要叛变

人生博弈论之四

你被捕了，你的同志也被捕了。你在这间审讯室里受审，你的同志在那间受审。你们看不见对方，但都知道，敌人给出了同样的条件：

你出卖同志，同志没有出卖你，放了你，同志被枪毙；

你不出卖同志，同志也不出卖你，都被判三年有期徒刑；

你出卖同志，同志也出卖了你，都被判无期徒刑；

你不出卖同志，但同志出卖了你，放了同志，你被枪毙。

你判变还是不叛变?

这是著名的囚徒困境，有一个纳什均衡，就是在已知对方选择的情况下，你和你的同志有且只有一个最优选择：无论对方是否选择叛变，你的最优选择都是叛变。

如果同志不出卖你，那么你出卖他比不出卖他要好，自由当然胜过三年有期徒刑。

如果同志出卖了你，那么你出卖他还是比不出卖他要好，无期徒刑胜过被枪毙。

这些推算，对他也成立。你知道，他知道，你知道他知道，他知道你知道。

彼此出卖，你们就都被判无期徒刑。明明存在着一种更好的可能，就是你们都不叛变，那就都只被判三年。这可望不可即，正是困境的由来：明知有更好的选择，却困于更坏的选择无法自拔。

到这里，是博弈论。

故事并没有到此结束。

你很傻，这些算计都不会，或者你深爱这位同志，又或者你革命信念坚定，总之，你绝不叛变。这时，只要对方叛变，你就死定了。傻、爱情、信念，这些东西在现实里没有主角光环，从来是一种高风险的事情，很易碎。

到这里，是现实。

你能活下来吗？

有可能。

如果那位同志跟你一样傻，或者跟你爱他一样爱你，又或者信念跟你一样坚定。

傻、爱、信念总是被嘲弄，被利用，被践踏，但也会有那么一些时候，理性无能为力，只有同样傻、同样爱、同样信的人们能够彼此拯救。

这是无常中的偶然相遇，是理性模型中不应存在的选择，也是人生最值得珍惜的时刻。

到这里，是进化论。漫长的进化，为理性埋下了漏洞，为我们准备了这条逃生通道。

自由、性与赌博

1987年，美国挑战者号航天飞机起飞时爆炸，7名宇航员丧生，这场发生在电视直播镜头中的悲剧震动美国。物理学家理查德·费曼（Richard Feynman）被美国总统征召入事故调查委员会，只用了一个星期就查明了原因，但与各种官僚机构打交道要花无穷多的时间。

最后，费曼想到了一个打败官僚机构的办法。在国会听证会上，在电视镜头前，费曼当场做实验，把橡胶圈用镊子夹住，放进冰水中，过一会儿拿起，橡胶圈上留下了镊子的痕迹。这证明了事故的原因：挑战者号发射当天温度很低，导致推进器的O型环因低温恢复形变能力减弱，燃料泄漏而发生爆炸。这成为近代科学影响最大的实验之一。

用好似哥伦布竖蛋的方法，打败生活的庸常与官僚机构的太极拳，理查德·费曼之所以是美国最著名的物理学家，不仅是因为他获得了诺贝尔物理学奖，还因为他不拘一格，自由，独出机杼，在生活中寻找有趣问题，创造有穿透力的解决办法。

大多数人很懒，大多数事情有改进空间，但指出这些不会得到感谢，也不会改变其行为，倒会为报信人惹麻烦。人性 / 智识弱点不是用来改进的，是用来利用的。读费曼的自传《别闹了，费曼先生》(*Surely You're Joking, Mr. Feynman!*)，处处都是打破僵局的智慧。无数人读了这本书而有志于物理学，但它适合于想为生活中的各种问题找到更好解决方案的所有人。

怎样获得自由？

费曼学术生涯几乎全在加州理工大学度过。有一段时间，费曼烦了，觉得创造力枯竭，想换个环境，offer 无数，其中，普林斯顿大学高级研究院，就是那个爱因斯坦待的地方，给他开出了一个不可能拒绝的条件：“我们理解你对教学和实验兴趣浓厚，所以给你一个特别安排：一半在普林斯顿大学，一半在高级研究院。”

普林斯顿大学高级研究院在学术象牙塔最顶上，给费曼开出的条件连爱因斯坦都没有过，好得令费曼自己感到荒谬，他也是人，压力极大：期许这么多，我不孚所望怎么办？

费曼日思夜想，忽然在刮胡子的时候豁然开朗：“他们对我期许太高，根本就不可能达到，那么达不到不是我的责任。我没有责任去达到别人认为我能到达的成就，没有责任去成为别人希望我成为的那个人。如果有错，是他们的错。我就是我。如果别人高估了我并为此付出代价，是他们运气不好。”

费曼又想，之所以想要换个环境，是因为物理学有点把他搞恶心了，但自己从来都热爱物理学，为什么过去热爱现在有点恶心？因为过去他是在玩，做自己想做的任何研究，不管重不重要，只管是不是好玩。中学时候，费曼看着水从水龙头里流出来会变细，就想知道为什么。这不会推动物理学进步，但又有什么关系？开心就好。费曼决定，既然我已经燃烧过了，再也难成什么伟业，那我从此就要回到过去，玩物理学，什么时候想玩就玩，想怎么玩就怎么玩，再不担心重不重要，有无意义。

最后，费曼还是留在了加州理工。再后来，他玩到了一个诺贝尔物理学奖。

怎样获得性？

费曼进酒吧，一连数日，结果都是为吧女买酒，未尝到一丝荤腥。

他找内行朋友问："不光我，酒吧里各种聪明人都有，为什么他们都只是给姑娘们买酒，什么好处也得不到？这么多聪明人进了酒吧就变傻了？"

朋友说："我知道为什么，不过为了证明我知道，明天先教你一课。你到酒吧来，我能让陌生人请你喝酒。只需要照我说的做，坐得离我不远不近，我一使眼色，你就假装路人走过来。"

第二天晚上，费曼如法炮制，一见信号就假装路人走过。她转身叫住："Hi，迪克（费曼名字的昵称），什么时候回来的？这段去哪里了？"

跟她坐一起的家伙转身来看这个迪克何许人。一看他的眼神，费曼就完全懂得他在想什么，因为费曼以前就经常处在他的位置。

第一反应：有竞争者了。我都给她买了酒，但她就要跟别人走了。

第二反应：没事，熟人而已。

第三反应：我得对这个迪克好一点，这样她才会对我更好。

费曼看得清清楚楚，看表情就知道这人在想些什么。

他对费曼说："迪克，来杯酒怎么样？"

确实很容易。

得空，费曼对她说："我信服了。现在告诉我该怎么做吧。"

她说："男人总想表现得像绅士，不想被姑娘看成粗鲁无礼的家伙，尤其不想被当作小气鬼。只要吧女对此了如指掌，就很容易把他往自己想要的方向带。"

"所以，在任何情况下都不要做绅士，一定要做小气鬼。你无须尊重吧女。想跟吧女上床的第一条规则就是不要给她买任何东西，除非你问过她愿不愿意跟你上床，而她的回答是愿意。"

"真的就这样直接问吗？"

"是。再难启齿你也得这样做，事前给她买再小再便宜的东西，也只会使事情变得更难。"

以一个物理学家的好奇心，费曼硬着头皮试验了两次，都获成功。他以后再也没有用过这个方法，但他懂了，酒吧里的逻辑与自己所受的教育完全不同。

怎样赌博挣钱？

费曼与女伴午饭。女伴指着旁边一个人说："那是希腊佬尼克，一个职业赌徒。"

费曼对拉斯维加斯赌场的赔率知道得很清楚，他问："一个人怎么可能是职业赌徒？他们不是早就应该被清光出局了吗？"

尼克过来了。

“听说你是职业赌徒？”

“是的。”

“我想知道你怎么做得到靠赌为生。要是上了赌桌，你的胜率只有0.493，长期肯定亏钱。”

“你说得对。”尼克说，“我从不在赌桌上赌，只在胜率对我有利时才赌。”

“什么时候胜率会对你有利？”费曼不信。

“很容易。”尼克说，“我在赌桌边上转悠，旁观者中总有人会说，‘下一个会出9！肯定出9！’这种人很自信，自信到愿意赌。我对所有数字出来的概率了如指掌，会跟他赌，比如4赔3，赌下一个出的不是9。长期我肯定赢。我从不上桌赌，而是与桌旁因为偏见、迷信、相信幸运数字或者不管什么想法过度自信的人赌。”

“现在我混出名气，就更容易了。许多人跟我赌，哪怕明知赔率对他们不利，因为就想赢我一把，好对人吹牛说赢了希腊佬尼克。”尼克说，“所以我能靠赌为生，还活得蛮好。”

费曼大悟。

怎样不给高考填报志愿留下遗憾

埃尔文·罗思（Alvin E. Roth）刚出新书 *Who Gets What-and Why*（共享经济：市场设计及其应用，简称 WWW），介绍市场设计（market design）。罗思是博弈论、机制设计和实验经济学大家，2012年诺奖得主，市场设计正是他的看家成就，此前都是论文，对普通人有如天书，WWW 是他面向大众的惟一一本通俗读物。

自由市场概念，与物理学中无外力作用则匀速运动中的物体永远保持匀速运动的概念类似，而现实中多是匹配市场（matching market），即双向选择、并非完全由价格决定而有时完全不由价格决定的市场。这种市场比比皆是：大学招生，宿舍分配，器官分配。罗思的研究，揭示如何激发参与者如实披露其偏好信息，增加市场厚度（thick），减少拥塞（congestion），使市场安全、简便。这些不是象牙塔学问，确能济世。

不过，这书结构很怪。前半部分好比 VCR 快进，先把要涉及的主题匆匆扫射一遍，在后半部分才进入具体状况；又好比货贩把货藏在深处，在外放乏味的长篇广告。这种结构既罕见又没有好处，罗思精通市场设计，可完全不懂营销或者用户体验。

好在还是有货。

搞明白著名的延迟接受算法（deferred acceptance algorithm）是怎么回事了。

用高考填报志愿来解释。

每年高考，考生要填写第一志愿、第二志愿、第三志愿。考生会按自己心目中的顺序填志愿吗？最顶尖的考生也许会，但大多数有望考上大学但没把握上更好大学的学生不会。他们最想上的可能是北大，但如果填北大而未被录取，基本上就丧失了上重点大学的机会。所有重点大学都只录取那些选它为第一志愿的考生。所以，考生不得不策略性地（strategically）填报志愿，将最有把握考上的重点大学填入第一志愿，同理类推。

博弈志愿填报的坏处，考生及家长心知肚明：如果考生最终发挥出色，成绩能上北大，则成人生遗憾。对北大也有坏处，因为北大没能把成绩最好又有意报考的考生都招进来。在这个假设的案例中，至少存在一位录取的考生成绩会差于那位策略性填报志愿的考生。

双输。

现在高考填报志愿的程序改了，大多数地方是公布考分后再填报志愿，考生比过往多了些把握，但需要博弈志愿填报的逻辑还在，不信，请问刚刚获知今年高考成绩的那些考生及其家长；造成双输的困境也还在。

解决这个问题，避免策略性填报志愿给考生和大学带来的双输风险，劳埃德·S·沙普利（Lloyd S. Shapley）和埃尔文·罗思有好办法。这个办法为他们带来了诺贝尔经济学奖。

第一步，考生填报志愿时，将心仪的大学按顺序列表，类似于过往的第一志愿、第二志愿、第三志愿，不同之处是现在这个列表越长越好，至少要有十几家大学，理论上，如果有这个精力，把所有大学都排出序来也行，虽然没必要做得这么绝。

考生需要做的就这一件事，接下来的事交给延迟接受算法（deferred acceptance algorithm）。

第二步，每家大学按其招生计划向看中的考生发出对应数量的录取通知。算法为考生自动接受那个在其优先列表上排在最前面的大学，并拒掉其他大学。注意，这里是关键，接受必然是暂时的（tentative），这也是算法之所以得名“延迟接受”的原因。

第三步，必然有一些大学发出的部分录取通知被考生拒掉，这些大学向其看中的但不在第一轮通知名单上的其他考生，发出新一轮录取通知，数量等同于被拒的录取通知数。如果这些考生此前也已“暂时接受”别的大学的录取通知，则系统再度自动“暂时接受”在其列表上靠前的大学录取通知，拒掉其他。

这些步骤都是算法代劳，自动实现。

如此这般往复……

如此这般往复……

如此这般往复……

直到最后一步，当再也没有录取通知被考生拒掉时，市场出清，所有“暂时接受”的录取通知于此时一同生效，算法达成一个美妙的结果：考生要么上了其首选的大学，要么虽然没上成首选大学但他进入次选次次选次次次选大学的机会没有因此受到任何影响。

也就是说，考生可以而且应该按其心目中的真实顺序列出心仪大学的列表，不再需要担心为此付出代价：能力说话，考分说话，进入与自己的能力与考分相称的那家大学。人生已有太多遗憾，不应该在填报志愿这一环节为年轻人继续留下遗憾。

延迟接受算法已用于纽约、波士顿等地的幼升小、小升初招生，用于医院招募住院医生，用于求职，它或多或少适用于几乎任何不能由价格完全决定的双向选择场景，对中国的大学招生录取，看起来更是绝配。

那么问题来了。

为什么中国的大学招生录取还不采用延迟接受算法？

择业从填报志愿开始：两位大家的启示

高考结束了，大学志愿填报开始了，这里是一个伟大的数学家和一个诺奖得主选择从业方向的故事，能帮到你和你的孩子吗？

“要像远离瘟疫一样远离依赖政府扶持的学问和机构”

1945年，二战即将结束，法国最负盛名的两所大学巴黎高等师范（文中简称 Normale）和巴黎高等理工（Carva）重新招生。这两所大学是法国以才选人服务公众的象征。高师只招生25人，最受尊重，旨在培养大学教师，一直是法国乃至全世界的数学重镇。高等理工招收200人，受重视程度仅次于高师，毕业生均须服务政府，严格按各自成绩分别有其远大前程。

入学考试难得不可理喻。21岁的本华·曼德博（Benoit Mandelbrot）考得第一名，可以在两所大学中任选其一，家中为此召开家庭会议。他们是犹太人家庭，1937年才自波兰逃来，再早前是在立陶宛。

叔叔 Szolem 建议去巴黎高师，纯粹科学带来最大的人生满足。

表亲 Magat 认为高师也好高等理工也好都是精英治国时代的余晖，哪个也不要去，要去地方大学接地气。

父亲则说，无论学什么，要像远离瘟疫一样远离依赖政府扶持的学问和机构，要学那些无论在哪个国家、无论谁在台上都用得着的东西，比如工程学。一家人已被不可测的命运连根拔起过六次，得知道什么学问才能安身立命。

叔叔是法国当时一流的数学家，表亲是一流的物理化学家，而父亲是一个不成功的小商人，惟一所长是全性命于乱世。

曼德博去了巴黎高师，但只待了一天便退学，转入巴黎高等理工，却没有走上高等理工毕业生前往法国政商两界的通途。他游学大西洋两岸，与冯卡曼、德布罗意、维纳、冯诺伊曼、奥本海默、皮亚杰等均有遇合。他绝大部分学术生涯在 IBM 实验室度过，创始分形几何学，跨越学科，追逐粗糙（roughness），直到人生暮年才转入学术正统，成为耶鲁大学有史以来获得终身教职时年纪最大的教授。他走的路最接近父亲的教诲。

“你爱八卦什么，就做什么。”

读到弗朗西斯·克里克（Francis Crick）自传 *What Mad Pursuit*，讲他的早期经历以及分子生物学从二战后到解开遗传密码那一二十年的大跃进史，他与詹姆斯·沃森（James Watson）发现 DNA 双螺旋结构自然是其中的辉煌一幕。

克里克学术生涯起步平平。大学学物理，其时正是量子力学兴起但还未成为大学授课内容；数学也一样，学科出现范式变迁但还未成为大学教育主流。所以，用克里克自己的话说，学了一堆“过时”的物理和数学，量子力学之类还得自己多年后自修。

二战期间，克里克去海军部造水雷；二战结束之后，他才有机会思考自己要做什么。他知道自己喜欢科学，问题是学哪门科学？

想了很久，直到有一天，他在跟海军部同事八卦的时候，突然明白了应该如何选择。

30岁才站到学术的门槛上，肚子里只有过时的学问，只因用了正确的择业法，走上了一条难以想象的成功道路，仅仅8年后就做出了20世纪最伟大的科学发现，从此与达尔文、孟德尔的名字相连。

你必须知道的八卦择业法：你爱八卦什么，就做什么。

一盘没有下完的棋

棋人之陈祖德

棋虽小道，却时常被赋予特殊的意义。

1985年，第一届中日围棋擂台战。中方江铸久狂飙五连胜，日方小林光一六连胜反扑，最后中方主帅聂卫平连胜小林光一、加藤正夫、藤泽秀行，赢得擂台，实现个人最大突破，终结中国棋手遇日本超一流棋手无胜绩历史，也捅破了中国围棋与日本围棋如纸般薄的差距。

从新闻中获知喜讯，人们自发狂热庆祝，在北京天安门广场。将日方大将一一扫下擂台，乃至其削发以谢，中国以最小的差距最辉煌的方式获得胜利。完全只靠自己的力量战胜日本，近代以来第一次。

尧造围棋，以教丹朱。围棋发端于中国，而光大于日本。近代之前，中日围棋交流少之又少。棋史传说，唐宣宗棋待诏顾师言镇神头，33手击败日本王子，但并未留下棋谱，后人附会以王积薪一子解双征之谱。道光年间，日本棋界大豪幼庵因硕意欲入华，困于海上。清末民初，中日围棋才真正相遇。中国棋手之不堪一击，如两国在战场上的交锋。日本二三流棋手让中国最强棋手三子而无一败。到1961年，还有日本54岁女棋手伊藤友惠访华八战全胜，为中国棋界之耻。

棋手积弱，国家积困。盘上争胜与强国梦相砥砺，正是陈毅“国运兴，棋运兴”一语的由来。围棋报国，如实业报国、教育报国、科技报国，是那个时代的强音。

上承刘棣怀、过惕生，下启聂卫平、马晓春，从1960年代中到1980年代初，中国围棋从谷底爬起，陈祖德代表第一代被委以赶超日本重任的中国棋手。中国围棋界有限资源的全部，很长时期集于包括他在内的几位棋手之身。今天的体育举国体制，那时已施于围棋界。

陈祖德未达巅峰，亦未辱使命。对内，他于1962年、1964年、1974年三获全国围棋冠军。对日，他成为首位分先战胜日本九段的中国棋手，1965年10月 25日，执黑击败岩田达明九段。在其盛时，陈祖德与日本一流强手互有胜负。中间经历“文革”，托赖陈祖德及其同代棋手的坚持，中国围棋薪火相传，终有聂、马后来的爆发。

中日棋界既交锋又互馈。民国年间，日本棋界帮助棋童吴清源东渡日本，入濑越宪作门下，将同时代大棋手一一降级，终成昭和棋圣。1980年代，日本棋界泰斗藤泽秀行每年自费带领棋手访华，中国棋界普受其惠。今天日本围棋已然衰微，每年仍有棋手团访华，中国棋手则成为反哺回报的一方。

中日围棋擂台赛时，陈祖德已退出一线。1980年，陈祖德赛间吐血，检查出胃癌，病中撰写自传《超越自我》，激励人心，影响远超棋界。1992年中国棋院成立，陈担任院长，2003年卸任。2012年11月1日，因患胰腺癌，陈祖德在北京去世，终年68岁。

陈祖德的名字，常与“中国流”布局联在一起。星、小目、拆布局法50年不衰，至今仍是最流行开局。它始见于日本棋手对局，经日本棋家安永一之手传至中国，在集体训练中挖掘出威力，迅速推广。在1965年中日围棋交流赛中，访日的中国棋手无论执黑执白，一律以此开局，日方惊呼“中国流”，由此得名。滥觞于日本，光大于中国，“中国流”当代的流传，与围棋千年前的流传，方向相反，内涵一致。50年来，中国流始终不衰，其本形及各种变体，仍然是今天棋盘上最常见的开局。

陈祖德嗜斗力，棋风近乎日本围棋走厚并战斗一脉，更从中国古谱汲取营养。他在1980年代初详解清代棋人范西屏、施襄夏当湖十局，后更系统整理中国古谱，笃信古人斗力不让今人。晚年解说清初棋豪黄龙士与周东侯对局谱，煌煌15册，未及完成而逝。

陈祖德辞世之时，围棋世界已天翻地覆。昔日霸主日本早已衰落。中日围棋擂台赛日本一败再败，最后避战，终于在世界棋坛上一胜难求。中国追赶日本20余年，即将超越之际，韩国围棋意外崛起，抢到前面，成为日本围棋的掘墓人，随后压制中国围棋10余年。直到今天，中国才在与韩国对抗中略占上风。

中国棋人的围棋报国梦已然消解，假想敌不再，时代变了。举国体制还有残存，国家队仍有建制，但今天中国终于能略占韩国上风，与此无关，而是因为一大群1990年代出生的少年。他们散布于各大民间围棋道场，孜孜以求个人修业寸进，国家队对他们不再是惟一的进身之阶，也绝无围棋报国的使命意识。日本围棋巨人坂田荣男昔年曾放言30岁前不可能出名人，今天则是20岁还拿不到世界冠军则终生无望。

在史上最激烈的枰上竞争中，中国围棋回归本色，胜负更纯粹，胜负者更自由，因之更强大。“国运兴，棋运兴”释放出新的内涵。

棋如人生

棋人之藤泽秀行

我1984年春节期间第一次摸到围棋子，是中日围棋擂台赛开始的前夜。那时日本围棋如日中天，鼎盛无比，也刚刚完成新旧时代交替的最后和最大一场胜负对决。挑战者赵治勋先负3局，再胜4局，击败了连霸6届棋圣位的藤泽秀行——最后一位大正年间出生的强者，成为无可争辩的日本围棋第一人。赵治勋在棋坛上活跃至今，亲眼目睹和亲身参与了中韩围棋崛起、争霸而日本围棋式微沦为旁观者的20年伤心史。

我要讲的不是赢家赵治勋，而是输家藤泽秀行。2009年5月8日，藤泽秀行去世，终年83岁。

“胜负师”这一称号从未加诸藤泽。在他全部围棋生涯中，藤泽没有在任一阶段被公认为最强者，哪怕他当年连霸棋界最高头衔六年之久。坂田荣男、林海峰、赵治勋看上去比他更能掌握盘上的胜负。这三人都有“胜负师”之名。

职业棋手以胜负为生，不可能不重视胜负。真剑相搏胜负残酷，但各人的胜负境界有别。“胜负师”绝不能容忍输棋，那就是末日。

藤泽对败战相对达观，因为与不输棋相比，他更重视去赢棋。对藤泽棋风最常见的描述是豪放、华丽，但我认为是尽变。

围棋变化玄而又玄，确是众妙之门，但变化龙隐，不披其逆鳞，不会喷薄而出。藤泽围棋生涯最高峰的时候，有人问他，如果围棋之神是100分，那他自信懂得了多少？他的回答是七八。不是十之七八，而是百之七八。正因如此，终其一生，藤泽在盘上全力尽变，追逐胜利，不避失败。

藤泽始终不是棋界的主流。在1990年代中期，另一位胜负师小林光一曾说围棋在边角上的变化可能已经穷尽——一个被迅速证伪的狂言。小林光一的棋风是“明快”，能明快地简化局面时绝不寻求变化。他曾经一统日本棋坛数年，往往开局50手后就进入收官。那也是我所知道的围棋最乏味的几年。好在韩国围棋在1990年代兴起，以一切用实战解决的强横作风将“明快流”击得粉碎。套用一个流行句式：你不去搞定变化，变化会来搞定你。

与许多非主流收获悲剧命运不同，藤泽获得了充分的回报。远在聂卫平以昏招知名之前，藤泽是棋界最大的昏招制造者。聂卫平多昏招与其战绩节节向下同步，藤泽昏招更多特别是在关键大赛中出著名昏招，但这没有妨碍他同时期拿下日本棋坛最大的赛事头衔。他是日本第一个名人战冠军，也是第一个棋圣战冠军。直到67岁衰年之际，藤泽还能击败当时不可一世的小林光一获得冠军头衔。昏招是藤泽盘上尽变的一部分，这是披龙鳞者的诅咒，也是光荣。

藤泽留意盘上世界，不知国界为何物。自1980年代初期起，他每年自费带领日本年轻棋手访华。最早是为了使中国棋手有更多学习机会，后来则是让日本棋手有机会向中国棋手学习。我非棋手，只是爱好者，却也要到30岁后才学会只为棋的内容而不是为棋手的国籍喝采。

藤泽一生，盘上快意胜负，盘下醇酒妇人。他在中日韩三国棋界普施恩泽，有泰山北斗一般的威望，好比郭子仪，绝非岳不群。他身后备极哀荣，无人可以加一句非议。惟一有此资格者也许是藤泽的妻子，因为他纵酒至胃癌三度发作，也因为他千金散尽家徒四壁，更因为他花眠柳宿却自认从未对不起夫人，但她选择了与藤泽共度一生，直到他先行前往另一个世界。

藤泽秀行语录

○ 作为有修养的专业棋手，赢了棋也不会特别高兴，而且，在败者面前喧嚷是有失棋品的。我认为，胜负就只是个结果，在大胜负中赢了也不必有登了天的气氛，胜负的余韵一旦消失，又回到原本的自己。对对手，我也是如此说。胜负单纯只是个结果，又不是真正的战争被杀了，所以，我对败者不使用多余的神经。用这种心情站起来，把这次胜负画上句号，而且，对手越强，我产生再一次和这人下的心情也就越强、越多。

○ 我总觉得要在有生之年，尽力追求自己的最善。

○ 我过于相信别人吃过许多亏，但即使这样，我也从不去怀疑朋友。

○ 生死不由己，为了下出自己人生最善的一手去继续努力。

○ 不要过于捞空贪利，而是要坚实地积蓄力量，为将来奠定基础，战斗起来也就有力。所谓“厚”的棋，含义就在于此。当抓住对方的弱处后，狠狠一击，空自然就来了。人生也是如此，恍然一见，进程很慢，却是在不断地蓄存力量，一有时机就爆发出来，一口气追上去便遥遥领先。

○ 不过，不管蓄存了多少力量，抓不着机会就没有价值。而且，即使抓住了机会，不擅长使用也达不到预期的结果。在棋上光靠“厚”是绝对赢不了棋的。应用有误，犹如把宝物变成了废物。

○ 能努力到什么程度，也是人才能的一部分。

○ 在年轻时，不要去为自己的力量不足而烦恼，只要全力以赴去拼就行了，反正不知道自己的潜力，也没必要去深深地苦恼。

○ 当感到这就是自己最大的限度时，就开始衰老了。

○ 左右人生的是余白的部分。在接受加藤正夫君挑战的第二次“棋圣战”的第五局，我用了2小时57分的大长考，将对方的大龙吃了，这个大长考把大部分变化都算透了，但还是存在没有算到的地方。在接近无限的变化中，我只是把有限的变化算到了，也就是说，这手棋在这里是不是惟一的、最善的一手，我没有自信。同时，在我没有算到的部分里藏有的最善手，被加藤君发现的可能性也是存在的。如果，在最后我输了，只能说我还不成熟，这是没有办法的事。计算虽然复杂，也只有勇敢地去下了。结果，是我计算正确，赢了。于是，我总觉得是一种“运”的存在。

○ 我从来认为围棋是搞不明白的，只是尽力去想搞明白。所以，在我不明白的地方，也就是没算到的余白部分，那就是“运”的因素在起作用了。以我的经验，“运气 ”是不可思议的来回循环的东西。所以，当认为运气不好时，忍耐等待是最好的办法，只要想，苍天是维护正道的，也就能忍耐了。当然，为了得到苍天的维护正道，不进行应有的努力是不行的。

○ 书法，可以表现出人生。在我的书法里，我感到有种“气”的东西。我决不认为我的字高明，但我写的字就是我的人生，从行笔之中，能看出从地狱里生返的男人的人生哲学。

○ 把问题想得越复杂，问题也就越难了。把什么都权当不懂去学习，人也就变得充实。不管是棋，还是人生，都充满了意外性。这世上，若能按计划进行的话，也就不用去辛苦了。

○ 当人能吃饱饭时，就开始变弱。

○ 如果自己的所思、所想，没有表现的场所，那人生一定会变得很孤寂很无聊。

○ 棋也好，人生也好，要和强者交往。

○ 若怕酒醉人，最初就不要沾口；若惧赌危险，开始就不要接近。酒既可是良药，也可成毒药。

○ 人生，要活得潇洒、豪爽和侠义。男人的价值不是金钱、名誉，比起女人来更由“人生哲学”来决定。

无疆

棋人之吴清源

少年去国，离开积弱多辱的故乡，来到杀机四伏的敌国，师夷长技以制夷，遇神杀神，遇佛杀佛，把所有对手一一扫下棋盘，终成昭和棋圣。无论懂不懂围棋，下不下围棋，中国人普遍膜拜吴清源，正是因为这个故事动人，有梦想、卓越、抑扬、家国、情怀。打败外国大力士是那个时代中国武者和看客的集体意淫，而中国少年在日本人国技上降服对方。中国在战场上屡败，少年在十番棋不败。谁能不被打动?

《一盘没有下完的棋》和《吴清源》，前后相隔30年的关于吴清源的两部电影，以及中国电影电视文学中展现的两国枰上相争，无论与吴有无直接关系，依托的是这同一个叙事逻辑：国运沉沦，以棋报国。

围棋不应承载这样的厚重。

吴清源，1914年6月出生于已衰败的福建望族。父亲吴毅留学日本，带回棋具棋谱，教会吴清源下棋。1925年，父亲病逝，吴清源成为段祺瑞门下棋客，以棋养家，天才声名播至日本。棋豪濑越宪作在日本棋界门户之争中，对抗本因坊秀哉名人一门力不从心，别出机杼，延纳异国天才少年，游说政治家犬养毅及大财阀大仓喜八郎，得其支持，吴清源于1928年举家东渡，入濑越门下，胜负人生从此有进无退。

吴清源盘下的人生沉浮，被时势和他人推着走。只在棋枰之上，吴清源是自己的主宰。赴日仅仅五年，他就杀到本因坊秀哉座前，在历史性一战中，挟发明新布局的气势，祭出“三三·星·天元”布局，肆意纵横，视日本围棋小目开局的习俗如无物，视名人本因坊之威势若无睹，虽败犹荣。秀哉赢下有争议的一胜，但日本传统围棋的诸多戒条就此崩塌。

围棋是最自由的游戏。棋分黑白，纵横19路，气尽则亡，子多为胜，同形不可再现。寥寥几句道尽几乎全部规则，而运用之妙在乎一心。好棋手注定自由，吴清源在棋盘上展现出最大的自由，觑单关角，折二，顺势挡下，俗到令人惊叹的类似实用手法在吴清源全集中比比皆是，令日本棋人感喟再三。异乡的胜负人生有进无退，胜则有生路，负则无后路，在人生的绝处，逼出最耀眼的光华：胜负面前，习俗不重要，棋形优美不重要。埋首三尺棋枰，忘却此身何处，对手是本因坊秀哉名人，可以祭出坊门禁手；对手是好友木谷实，可以对面而不知其激战中鼻血已迸。吴清源著名的平常心之论，不是云淡风清，坐而论道，而是在棋论棋，胜负之外，不知其余。

从1939年在第一次十番棋中战胜木谷实开始，吴清源统治了日本棋坛近20年，以十番棋为舞台，将同代大棋手一一击败，无一例外降级。日本围棋的下一代王者坂田荣男居然被降至让先。直到1960年代，吴清源才逐步淡出争战一线。

吴清源开创了围棋游士的时代，这是近代以来围棋最动人的篇章，胜负指引人生，棋枰跨越国界。多年以后，濑越宪作又收下一位异国天才少年，来自韩国的曹薰铉。再后来，曹在1988年第一届“应氏杯”决赛中意外地击败聂卫平，随后率领韩国棋手牢牢压制日本和中国棋手20年。濑越的第一位异国弟子终结了日本传统围棋，第二位异国弟子终结了日本围棋的霸主地位。

吴清源之后的游士传承仍在继续。1952年，10岁的林海峰自台湾赴日，入吴清源门下，再十余年，林海峰粉碎坂田荣男“没有30岁的名人”豪言，攀上日本围棋最高峰。再过数十年，10岁的张栩赴日，投入林海峰门下，并在本世纪以来的大多数时间里一统日本棋坛。今天的日本围棋已然衰微，但这里一直是中韩围棋游士最丰饶的哺育之地，薪尽火传。

来自中国的当代棋人，也有着同样颠沛与眩目的游士生涯。1990年代初，中国第一位女九段芮乃伟脱离国家队的编制与支持，先赴美教棋，后赴日投入吴清源门下，终于得到师叔曹薰铉的帮助，赴韩国参加棋赛。在韩国围棋极盛的顶峰，相继击败李昌镐、曹薰铉，获得国手战冠军，创造不可思议的战绩。今天，流浪20年后，芮乃伟归国，以知天命之身，激战于90后棋手之间，以围棋为生命，不知老之将至。这是围棋游士们的宿命。

自从陈毅说过“国运兴棋运兴”，人们便习惯性地将围棋与政治相连，但围棋本应该是单纯的，吴清源恰是个单纯的人。他曾攀上围棋顶峰，但绝不是民族英雄异国扬威的故事，而是中日棋界合作的成果。他两入日本国籍，还曾围棋劳军，既不通政治也无所谓民族，智慧也好，血气也好，情商也好，棋枰之下的吴清源几乎是零。吴清源的一生价值，只在棋枰之上，因单纯而自由，恃自由以尽变，惟其尽变，充分燃烧。今天的围棋空前自由，始自吴清源。

2014年11月30日，吴清源逝世。

两娃战争论·爸爸版

两娃战争论·妈妈版

父母天生是教育家，哥哥姐姐天生是大教育家

两娃战争论
爸爸版

为什么总的来说老大比较自信而老二比较聪明？两娃之间的战争能解释相当一部分原因。中国的两娃家庭在复兴，然而在空白几十年后，年轻父母们对两娃之间的战争既陌生又忽视：有什么关系？老二来了，我跟老大说永远爱你，只不过也要爱他，不就行了吗？

不行。

设想，如果你对太太说，我永远爱你，不过现在我要娶二房，也要爱她。你觉得这样你太太会怎么想怎么做？

这个情境来自《如何说孩子才能和平相处》（*Siblings without Rivalry*），作者是专业人士，专门写给多子家庭的父母，如何管理孩子们之间的冲突。应对这个挑战需要道术兼备。从公平对待到角色分配到打架，书中术自不少，对我影响比较大的是道：第一要承认、面对现实，也帮助孩子们接受要与兄弟姐妹共存的现实，第二要倾诉、倾听，第三要划清边界，但边界内的事情要让孩子们自己处理。

这书是一连串的真实情境训练，对困于两娃战争的年轻父母，是一部及时的兵法。

至于我，在此贡献一份我们家的两娃战争实录，还在继续，so far so funny!

二宝来了。朵拉视察以后宣布：“小宝贝还行，不太丑。”赐名曰“闹闹”。

幼儿园手工课要交作业。朵拉奋力做纽扣花，良久叹气：“我靠卖花，有同学靠卖萌。”

二宝该换尿布了，朵拉扫了一眼朵拉妈，又扫了一眼阿姨，转过头来说：“王烁，你去换。”

朵拉问朵拉爸：“你是谁啊？”朵拉爸怒答：“我是你爹！”朵拉回头告诉朵拉妈：“爸爸是我们的爹。”

朵拉轻抚二宝：“放心吧，你不好看我们也爱你。”

幼儿园汇报演出，朵拉兴奋地说：“妈妈，我抹了两遍口红，两遍！”

“爸爸，这是魔法颗粒！”“朵拉，魔法颗粒能给小宝贝换尿布吗？”“不能……”

“那爸爸先换完尿布再来学习魔法好吗？”

“爸爸，我们石头剪子布，你输了就要陪我玩！”“那要是爸爸赢了呢？”“不要讲这个！”

把二宝放在白纸上拍标准照，朵拉早对一班人围着二宝嘘寒问暖不满，忙拿来画笔，速速把白纸画满：“叫你还照！叫你还照！”

阿姨小恙，朵拉只好跟朵拉爸、朵拉妈睡。半夜把隔壁饿醒的二宝抱过来喂奶，发现朵拉睡姿豪放已经掉下床了，刚要去救，朵拉闭着眼睛自己爬上床了。

朵拉爸、朵拉妈对二宝的培养得到了朵拉的衷心支持。每次二宝哭，朵拉都说：“让他哭一会儿。”

朵拉妈照顾朵拉和二宝，向下班归来的朵拉爸哭诉：“忙得好像有两个老婆。”朵拉爸很同情：“那么我有三个。”

老师问朵拉的小名是什么，朵拉说：“拉拉。”

朵拉终于意识到二宝也可以是资产不完全是负债。“你有弟弟吗？你有吗你有吗？”她挨个问小朋友。

朵拉要跟幼儿园同学小虎结婚。朵拉爸很不高兴。“朵拉你知道结婚意味着什么吗？”“不知道。”“爸爸告诉你。妈妈跟爸爸结婚，就过上了被伺候的日子。”“爸爸，什么是伺候？”“就是想喝水就让爸爸倒，想好吃的就让爸爸做。你觉得小虎能做到吗？”朵拉陷入沉思。

朵拉踩了朵拉妈的手机。“我踩手机是因为妈妈把手机放地上了。”“朵拉，那就是说东西放地上就可以踩喽？”“是的爸爸。”“那朵拉你为什么总把画笔和积木放地上？”“说这些没意思，我走了。”

早晨被朵拉叫醒，“国王，起床！”睁眼一看朵拉着公主装到了。“朵拉公主，我不是国王，是你的男仆。”“不行，你不当国王，我怎么当公主！”

答应朵拉每天看一集动画片，朵拉犹嫌不足，心生一计：“爸爸，第一天看一集，今天第二天，应该看二集，明天第三天，三集。”“朵拉，第二天看第二集，第三天看第三集，注意第字的用法。”朵拉大怒：“你想干嘛！”

朵拉妈、朵拉、二宝看动物世界，朵拉妈说：“二宝好像考拉！”

朵拉不乐意了 :“那样的话他应该住在动物园里！”

朵拉妈批评朵拉爸对朵拉太没原则。朵拉爸说 :“朵拉身上全是你，所以我特别喜欢朵拉。”# 如何正确地反对批评 #

“朵拉，人要有骨气。”“爸爸，什么是骨气？”“就好比妈妈不扫地，说不扫就不扫，绝对不扫，说什么也不扫。”

“爸爸你把电视关了吧！”“为什么？”“不然电视就没电了。”#iPad 陪伴长大的一代 #

朵拉妈教育二宝 :“你要自立。将来能给你做饭的，只有电饭锅 ; 能给你做菜的，只有炒菜机器人。”

小姐姐剥着虾呢，朵拉凑过去说，小姐姐，我喜欢吃虾。小姐姐不语，继续剥。朵拉过会儿又凑过去说，小姐姐，我特别喜欢吃虾。小姐姐不语，继续剥。又过了一会儿，朵拉再说，小姐姐，我也喜欢吃虾。小姐姐不语，继续剥。再过一会儿，看见小姐姐把一只剥好的虾放朵拉嘴里了。# 坚持到底必有口福 #

阿姨顶着朵拉的虎视眈眈表扬二宝，“像花儿一样。”朵拉怒斥 :“不对，他就是个胖子！”

朵拉喂鸽子不止，被朵拉爸强行抱走，边挣扎边喊 :“没我喂鸽子会饿死的！”朵拉爸问 :“你来的时候鸽子是死的活的？”朵拉心算一下，就同意被抱走了。

朵拉挑食，大闹餐桌。朵拉爸以情动之 :“爸爸做菜很辛苦，你不吃，爸爸……”正待说出“很伤心”三字，转念一想，以感情为质，朵拉要是吃了，那是受了感情的胁迫，不是好事 ; 要是还不吃，策略失败，感情受第二次伤，不是好事。还是告诉朵拉世界的真相吧 :“其实爸爸辛不辛苦，你也不用在意。不过，不吃就会饿。

爸爸妈妈不能代替你吃饭，更不能代替你来饿。其他人就不用说了。记住以后有得吃就要吃，不吃就会饿，饿是自己难受。”朵拉想了想，选择饿着。

朵拉最爱是鸽子，可以徒劳地抓一上午鸽子，可以把整个广场地上散落的面包片一一掰碎以便鸽子下嘴，可以为鸽子坦然爬到食客桌下寻找食物残渣。但是，鸽子到我们桌下觅食，朵拉面不改色，抱住自己的碗猛吃，好像没看见。“朵拉，鸽子来了，你坐着就喂了。”“爸爸，不行，这是我的饭。”

二宝吐奶到朵拉心爱的小书包上，朵拉要求二宝负责洗，朵拉爸说：“没问题，只是朵拉你要等几年才能拿回书包了。”

朵拉表示，如果二宝不乖，应该扔到垃圾桶里。然后亲自示范了一下。

“爸爸！我的睡衣好不好看？”“朵拉，你穿这么好看的睡衣睡觉，什么感觉？”“开心得睡不着。”

“朵拉，你玩贴纸手工，为什么要爸爸抱着？”“因为要把你坐在屁股下面，免得你溜走。”

“朵拉，你会照顾二宝吗？”“不会。我只是喜欢玩他。”

“爸爸，什么是特地？”“朵拉，就是有意。”“爸爸，什么是有意？”“朵拉，有意就是故意。”“爸爸，什么是故意？”“朵拉，就是他这么做是因为想这么做，而不是因为不小心。”“爸爸，我懂了。”

朵拉给奶奶派活，奶奶转给爷爷做。朵拉批评：“自己的事情自己做。”奶奶不服要辩，朵拉说：“错上加错，打两个叉叉。”

朵拉今天一起床就说：“我们班同学骑恐龙了。”“是活的吗？”

"活的。"

大姑爹来访，与朵拉相处甚得，回去的那天早上，送朵拉上幼儿园，惜别。第二天一早，朵拉爸被朵拉推醒，"大姑爹呢？我闻到大姑爹的味道了。"

熄灯前给讲了五个故事，熄灯再讲了两个，"朵拉，晚安。""爸爸你确定不讲故事了吗？""是，你必须睡觉了。"朵拉爬起来就走了，"睡觉我跟妈妈。"

朵拉有个垫子，久已不用，二宝爬爬期将至，朵爸朵妈于是动了主意。朵拉放学回家，看见垫子放在客厅中央，上面赫然趴着二宝，大大大怒，表示要将二宝打包快递回老家。朵爸朵妈未跟朵拉商量，有错在先，同时深刻体会到改革要动既得利益者的艰难。

朵拉唱歌："太阳当空照，花儿对我笑，小鸟说，……小鸟说，……"忘词，果断决定："小鸟不会说话，只会叽叽喳喳。"

朵拉宅在家不出门，跟她商量，"一起出门，你吃冰淇淋，闹闹看着。"朵拉就出来了。路上边走边想，忽然说："爸爸，我想奖励一下闹闹。""怎么奖励？"朵拉说："就是闹闹不用看着我吃了。"

朵拉最近很不待见朵拉爸。念完睡前故事，父女谈心。"朵拉，你最近不喜欢爸爸，有什么原因？""爸爸你不明白，我们小朋友做事情，没有原因。"

两娃战争论 妈妈版

前一篇《两娃战争论》，作者是朵拉爸，介绍了一本指导父母管理两娃紧张关系的书《如何说孩子才能和平相处》。文章的文风与两娃观都是爸爸视角：为什么兄弟姐妹天然不是相亲相爱的。

理解问题只是解决问题的第一步，解决问题，主要还是得靠妈。现在这篇《两娃战争论｜妈妈版》，出自朵拉妈之手，将该书中帮助两娃培养感情的具体策略应用于实战。

《如何说孩子才能和平相处》的建议

保证每个孩子每周都有几次可以和你单独待在一起。

能够和父母单独待在一起，会让孩子感到被珍惜和疼爱，也因此会更加容忍自己的兄弟姐妹。如果接电话的时候说“我不能跟你多说话，我想和我的孩子待在一起”，那孩子的感觉就更棒了。

当和其中一个孩子待在一起的时候，不要谈论另一个孩子。

这会让孩子更讨厌自己的兄弟姐妹——“人都不在还把爸爸妈妈抢走。”

不要因为为了让一个孩子高兴就特意克制你对自己更偏爱的孩子的关注和喜爱。

有些家长为自己有所偏爱而感到愧疚，于是就夸大对自己不那么偏爱的孩子的赞扬，并对自己偏爱的孩子表现冷漠。这只会让两个孩子都感到困惑和受伤。突然遭遇冷漠的孩子感到父母不再爱自己了，而突然被大力赞扬的孩子感到这不是真实的。

不要把孩子在家里的角色固化（老大，老小，中间），让每个孩子有机会体会各种身份的责任和特权。

不要一味要求“在一起”。

“一家人在一起”这幅画面看上去很美，但总和兄弟姐妹在一起有时候会让孩子感到压力。如果孩子到了那种一触即跳的年纪，可以由不同的家长带着参加的游玩方案。

让孩子知道兄弟姐妹最喜欢他 / 她什么。

孩子往往不知道兄弟姐妹喜欢他们的什么地方，了解带来影响影响。

组织家庭会议

通过会议讨论家庭活动，可以事先了解大家的看法，搜集意见和建议，避免突如其来的决定造成对孩子的冲击以及随之而来的反弹。

家有两娃会有问题，但不是无法解决的。我们必须和自己的情绪做斗争，并帮助孩子管理他们的情绪。这是一个机会，让孩子通过应对由两娃战争带来的愤怒、困惑等情感，成长为敏锐、体贴和处事周全的人，学会与不同的人相处。家庭就是我们学习社交的课堂。我们如何与孩子们相处，教他们如何对待彼此，是我们作为家长给孩子们的终生礼物。

朵拉妈实战录

怀孕时，就知道大宝可能会因为二宝的出生而嫉妒，但直到我和同事聊天后，才惊觉这种嫉妒可能是非常极端的。

据同事说，她四岁的儿子因为妹妹的出生大哭大闹，一步也不离开妈妈，连妈妈上厕所都扒着门缝哭。至此开始认真思考如何帮助大宝渡过这段时期。现在二宝已经半岁多了，大宝的接受度还不错，也和大家分享一下我在其中的思考吧。

怀孕期

1. 小宝贝就和你的鞋子一样大——选择合适的时机和环境告诉大宝

大宝三岁半了，安全感和稳定对这个时期的孩子还是很重要的。二宝的出现绝对是她人生中的大事。我一直在想，应该什么时候以什么方式告诉她。拖着拖着，直到怀孕两个月都没和她谈过。

快三个月的某一天，我们一家在咖啡厅休息。大宝看见我在看一款手机 app。这是一款很著名的孕期用 app，中文名字叫“妊娠”。每天都会有一张腹内胎儿的图片，惟妙惟肖，一直到40周。她问我这是什么，我就告诉她这是妈妈肚子里宝宝的图片。她非常好奇，我就一张张地给她讲解宝宝的成长，并且告诉她她也是这么长大的。她觉得特别有意思。“开口”这一关就这么顺利过渡了。

此后，二宝每天都要求看“小宝贝的照片”。每次我介绍这周小宝贝的样子都会引发她的惊叹。比如我告诉她小宝贝只有葡萄那么大，还有一次我告诉她小宝贝只有她的鞋子这么大，后来小宝贝长到她的小红马玩具这么大。看胎儿图片猜小宝贝的样子成为我们母女俩的重要话题。

2. 我生病了——怀孕也得和大宝玩

怀二宝早期，我的妊娠反应非常强烈。每天晚上8点就睡着了。有时候我在客厅看书，看着看着就睡了过去，醒来后发现身上盖着毯子。由于我早早睡觉，以前的读书时间也没了。那时我不敢告诉大宝我怀孕的消息，因为我担心她会把妈妈不读书与二宝的到来联系起来。

后来，大宝问我怎么了，我灵机一动说我病了，希望她当医生来照顾我。大宝很认真地开始当起了医生。我们用线和一次性纸杯当听诊器，用纽扣当药，每天都要玩医生的游戏。前三个月她主治食欲不振和呕吐，后三个月主治腰痛。大宝拿我的润肤油，称之为“医生油”，每天都给我按摩。我们的医生和病人的游戏就这样玩了整整六个月。

照顾妈妈这一点，也浸润到她的日常行为里。每天我下班回到家，她都会给我倒杯水。有一次我说要喝茶。她就让爸爸给倒茶（因为保温壶太大她举不起来），然后自己倒杯凉白开。她先让我喝凉白开，等我喝完了茶水也不烫了，然后可以喝茶。

我的呕吐症状非常严重，一开始吓了她一大跳。有一次我吐得很突然，都吐到她鞋子上。她就埋怨了几句。后来爸爸说妈妈是没有办法，妈妈得病了。以后我们每次出门，她都先去拿纸巾，一路上都先找好垃圾桶，知道哪里可以倒我呕吐过的纸巾或者纸袋。后来在商场里我再次呕吐，把她的外套全吐脏了。她安慰我说："不要紧，不要紧。"回家后她就自己把外套洗了。

我很欣慰，说："妈妈吐到你衣服上，你没有生气，你宽容了。"她也感叹道是啊。我看着3岁的大宝一边洗衣服一边感叹自己的成长觉得很有意思。

现在回想起来我怀孕的日子，虽然反应很大，但心情很好。这和大宝的懂事是分不开的。我对大宝说："这次孕期过得那么顺利，多亏有你照顾。"大宝说："是啊，上次没法照顾你，是因为我在你肚子里。"

3. 他不好看，不会陪你玩，只会哭和睡——实话告诉她未来可能发生的事情

不要让孩子期待过高，否则失望越大。这是我从很多二胎家长那里得来的教训。

很多家长会告诉孩子生二宝是为了大宝，二宝会陪大宝玩，二宝很可爱之类的。小朋友会很期待。但小宝宝出生后都是皱巴巴的，不会说话，只会哭，会占据爸爸妈妈的时间。期待和现实的巨大反差很快就把孩子击倒了。

为此，每次大宝问我"小宝贝长什么样子"的时候，我都会告诉她，刚出生的孩子都不好看，皱巴巴的，眼睛都睁不开，白天都在睡觉，晚上经常哭。但是，四五个月以后就会好很多。

我告诉她，她出生的时候也是皱巴巴的，整天睡觉。她的表哥兴冲冲地去医院看她，很失望地说："一点都不好看。"还有一个小男孩到我们家来，看到她一直在睡觉，失望地说："她都不会说话。"

我还告诉大宝，她出生的时候比很多小婴儿都成熟，因为她是41周+3天出生的，一头极其浓密的黑发，一双大眼睛，非常漂亮。“那小宝贝呢？”大宝问。“那我就不知道了，因为我也不清楚他/她什么时候出生啊。”我如实回答。

大宝要不要喜欢小宝贝犹豫了很久。一会儿说因为小宝贝不漂亮还老哭就不喜欢她/他了，一会儿又说能接受。但我永远实话实说。最后一个月，她似乎下定了决心，拍拍我的肚子说：“小宝贝，就算你长得很丑，姐姐也会爱你。”

等到孩子生下来，大宝兴冲冲地到医院来看二宝。第一句话就是：“他一点都不丑。”

4. 小宝贝不可以吃冰淇淋，只能吃奶，因为他没牙齿—指出大宝的优势

最容易让大宝妒忌的就是喂奶。看到妈妈的怀抱不再属于自己一个人，而且让二宝长期占据，肯定是非常不好受的。我在孕期就告诉大宝我将不得不经常抱着二宝给他/她喂奶，不是因为我更爱二宝或者不爱大宝，纯粹是因为二宝除了奶什么也吃不了。

每次在大宝吃冰淇淋的时候，我都会提这件事。

“以后带着你和二宝一去吃冰淇凌，不过你吃，她/他看着。”

“为什么？”

“因为他没牙齿，所以他只能吃妈妈的奶。”

类似的对话经常出现，无论是谈及吃巧克力，玩游乐场，还是看动画片。我记得《正面管教》一书里有一种说法：孩子的观察力非常敏锐，但解释力非常差，也就是说孩子很敏感，但并不知道现象背后的原因。以上的现象很容易被误解为“妈妈不爱我了”。

与其对孩子解释“妈妈没有时间”，还不如给孩子“因为我更棒”的暗示。

坐月子时，我白天1到2个小时喂一次奶，晚上3到4小时喂一次奶。可以说，大宝眼里的我总是抱着孩子。我每次喂奶的时候，都会当着大宝的面对二宝说：“刚才妈妈和姐姐吃过饭了，现在你来吃饭了。别着急啊，谁让你没牙齿啊。等你长到姐姐那么大，就可以自己吃饭了。”

大宝遇到的变化不会仅仅是喂奶一项，因为父母的时间、精力、金钱等其他资源都会分给老二一部分。大宝得学会适应。但同时，大宝也应该意识到她具有优势。

5. 把你的旧衣服给二宝，你可以得到一件新的，以及二宝的感谢——二宝的收获并不意味着大宝的损失

接近宝宝出生的那一个月，随着我不断地购入衣服、尿布、奶粉等各种物品，大宝终于意识到二宝即将出现了。

第一次发现别人给的礼物不是给她的，大宝很不习惯。她看见奶奶寄来的新生儿衣服，使劲想把自己的身体挤进去。看到我买的洗澡椅，大宝一定要说是她的。试了几次发现很难坐下后，大宝干脆把洗澡椅藏起来了。

还有一个例子是安全提篮。大宝一看到安全提篮就钻了进去，丝毫不理睬她自己的安全座椅。

在给二宝整理衣服的时候，大宝终于爆发了。因为她看到她小时候的一件衣服被我们塞进了二宝的抽屉。“这是我的！”她大叫。虽然我们强调她早就穿不下了，她还是不肯放。

我解释说，她旧衣服本来就穿不下了，当她给二宝一件旧的，我们就会给她买新的。但如果她不给的话，我们就给二宝买一件新的，而她什么也没得到。

大宝想了想，同意把所有黑色和蓝色的小衣服给二宝（因为她不喜欢这两种颜色），把所有她穿不下的袜子给二宝。

我也同时告诉亲朋好友，如果给二宝礼物，一定要给大宝也准备一份。一张卡片也行，要让大宝意识到大家并没有忘记她，二宝的收获并不意味着她的损失。

产后

6. 让家里人发挥作用的正确方法

大宝和二宝的关系，很大程度上取决于家里大人的看法。

怀孕时我看央视的中文版《超级育儿师》，发现问题宝宝往往出现在这样的家庭：隔代教育（家里有老人照顾）；两个宝宝，且大宝总是被忽视；父亲不作为，而母亲则是教育孩子的主力。这三点其实是彼此相关的，也因此，最可怕的问题儿童往往出现在这三个特点都有的家庭。

看完这套片子后，我觉得家庭成员之间统一意见、互相配合与努力付出特别重要，但家庭人员多了，要统一意见真的很难。而且家庭成员多了，爸爸这个最应发挥作用的成员往往会座上观。

这种情形在坐月子时期会尤其糟糕。因为那个时候大家尤其是老人和月嫂的注意力自然会集中在老二身上，会对老大带来冲击。于是，我决定主要靠自己。

在孩子出生前，我们和阿姨坐下来谈了话：

☆给阿姨加工资。对老二，阿姨只帮忙每天多做一碗汤，给老二洗澡。我们希望阿姨能够把更多时间用于照顾老大。

☆我主要负责带老二以及接送老大。

☆老公负责陪老大以及晚上9点半到12点之间照顾老二。

实践发现，我们三个人的时间都主要放在老大身上了。而阿姨由于对小宝宝的热爱，也积极主动地参与照顾老二，这也使得我们能够腾出更多的时间陪老大。

7. 每日一抱、每日一讲和每周一玩——就算二宝不会说话和走路，也能和大宝一起玩

由于是臀位，我最终定了剖腹产。我特别订了周五做手术周一出院，这样住院的三天，大宝都能和我们待在一起。

我记得给大宝念过的好几本有关两个宝宝关系的书里，第一个让大宝不高兴的就是大人不让他 / 她抱二宝，害怕老大手太重，伤了小婴儿，让老大觉得自己突然从宝贝变成了负担，从而开始讨厌二宝。

从第一天开始，我就鼓励大宝抱抱二宝。其实大宝非常小心，因为她自己也很怕弄痛二宝，抱也抱不了多少时间。以后每天我们都让大宝抱一会儿二宝，给他们俩拍照，发给亲友。就当做个记录。

更有意思的是，每日一抱迅速发展到了每日一讲。这段日子大宝热衷于编故事，二宝就成为她的忠实听众。大宝自己画画，让我帮忙写字，装订成绘本，讲给二宝听。然后我再给大宝二宝一起读书。我读什么书由大宝选择。大宝会挑出适合二宝的书，由她来讲。

这是我们家每晚的温馨时刻，有时候也能减轻我的负担。比如有时候二宝闹觉，我就让大宝去给他唱歌和讲故事。

每个周末我们都会花更多的时间一起玩。有一次雾霾太大，在家百无聊赖，我就参考网上创意婴儿照给二宝拍照片，大宝也会兴冲冲地打扮起来，当仁不让地成为第一女主角。

还有一次我们在画画，突发奇想，就把三个人的脚印拓下来做纪念。

8. 你是独一无二的宝贝

当老大对老二的来临感到不快时，很多家长的回答是“我们对你的爱是一样的，不会少”，或者说“我们依然爱你”。可他们不知道的是，这对老大根本不够，老大要的是独占的爱、全部的爱和一心一意的爱。就好像你要纳个小妾，你对大房说，别伤心，我还是和以前一样爱你。这可能吗？人家会相信吗？

我们所做的就是尽量让大宝顺利渡过这段不适应期，让她感到，父母虽然也爱二宝，但是她在父母眼里依然是独一无二的。

我们尽量安排时间多和她单独在一起。我是剖腹产，但老二出生第八天，我就恢复了去幼儿园接老大的工作。

每天晚上吃完饭，我们会把老二交给阿姨照顾，带老大出门散步聊天。如果天气不好，我们就在家里陪老大玩游戏、念书、做手工、画画、搭积木、跳舞等等。可以说，我没怀孕的时候也没花过那么多时间陪孩子。

9. 让老大发泄

尽管我们非常注意，老大还是会感到委屈和焦虑。

因为一个很小的事情，老大突然爆发了，冲到小宝贝的床前大声地说：“你是个垃圾，我要把你扔到垃圾箱。”整个过程中，我们都不怎么说话。我想她有焦虑和不安全感是很正常的，这个时候言语抚慰也没有什么用，让她发泄一下也无妨。

二宝出生两个月了，到目前为止，大宝比较严重的抗议就出现了这一次。

当然，平时也有一些小的征兆。

过了一段日子，我去幼儿园接孩子的时候，老师也跟我反映说大宝突然中午不怎么吃午餐了，而且必须老师喂。

大宝是幼儿园里吃饭最棒的孩子，吃得又快又好。按照老师的说法，是“榜样级的宝宝”。我想，大宝是不是想当小婴儿了呢？

老师建议我们多陪陪孩子。第二天是周末，我们就带着大宝去玩雪，玩了一天。过了几天，老师告诉我，大宝又恢复如初了，吃得好睡得香。

10. 爸爸的重要作用

总体来说，我们的过渡期还是蛮平稳的。在整个过程中，爸爸发挥了重大的作用。

在怀孕后期，我因为失眠已经没法早晨送大宝上幼儿园了，都是爸爸送的。二宝出生后，我因为老得喂奶，很多时候都是爸爸在陪着大宝玩。

我原来不知道陪孩子玩那么辛苦，尤其是陪有点焦虑的老大玩。大宝是一刻不停，一会儿要玩积木，一会儿要玩角色扮演，一会儿要做广播体操，一会儿要唱歌跳舞。最可怕的是跳舞，她一定要爸爸劈叉，严格得不行。可怜的老爸啊。不过父女感情也因此迅猛升温。每次大宝在幼儿园拿了什么好东西，都要给爸爸。

爸爸对待大宝的方式和我有所不同。在对待生活习惯之类的问题，爸爸更细心，更愿意妥协。

在对待知识类教育方面，爸爸更喜欢启发式的，知识也更广博一些。举个简单的例子。我给大宝念书往往是直接念，或者由着大宝讲故事。爸爸念书的时候就老喜欢反问大宝，让大宝多思考。一本书会讲很久。

如果大宝不喜欢去幼儿园，我一般是直接说不想去也得去，拉着哭哭啼啼的大宝走到幼儿园。爸爸呢？大宝没哭几声就抱着她走，一路走一路讲故事转移她的注意力。这样的爸爸大宝当然更喜欢了。

11. 我有弟弟了，你有吗——让大宝为成为姐姐而感到自豪

有一天我去幼儿园接大宝，遇到她同学的爸爸。那位家长得知是我家大宝，笑着问她："你喜欢你的小弟弟吗？"

由于我在大宝幼儿园家长群里报告了有二宝的消息，大家都知道了，大宝的幼儿园同学也都知道了。小朋友都会好奇地问她关于小弟弟的事情。

有一次，我带着二宝去幼儿园，许多小朋友和他们的家长都围上来看宝宝。这下大宝兴奋了，得意地告诉同学这是她的小弟弟。回家路上，她还热情地邀请同学上家玩，"可以给你们看我的弟弟。"

大宝终于意识到，弟弟不是负债，而是可以炫耀的资产了。

12. 关于处理两娃关系的原则

二宝已经半岁多了，这期间我也和不少人交流过如何处理两娃关系。有些说法我觉得还是蛮有道理的：

☆护大不护小：大体同意。因为大的比较明白事了，非常容易受到影响。不过重点关注老大不意味着一味偏帮老大。我觉得还是要公平处理，老大不对时还是要批评指出的。否则以后老二心态就

不好啦。

☆让每个孩子感到自己是独特的，是被父母爱着的。虽然独占的爱没有了，但至少可以有个“独特”吧。

☆父母是养育孩子的主要负责人，而不是老人。很多时候处理两娃关系遇到问题都会和隔代教育交织。一旦父母承担起责任来，事情会好处理得多。

成功言之过早，二宝半岁多，两宝相处的时间还长得很，so far so good，这是一段悠长的旅程，我们慢慢享受吧。

父母天生是教育家
哥哥姐姐天生是大教育家

看到身材圆润眼神清澈的小朋友，喜爱之情涌上心头，不由得低估了他们的能力。小朋友认知世界的方式与科学家并无不同，都是假设－检验，而小朋友其实还更强些，因为他们对这个世界提出各种假设的能力，无穷无尽无边无际，科学家脑洞再大也追不上。

《摇篮里的科学家》（*The Scientist in the Crib*），讲小朋友从出生到4岁左右的认知进展，写得清楚、晓畅、温暖。这书能减少年轻父母的很多焦虑：最重要是与孩子在一起的时间要长，而不是在一起时特地教什么。小朋友是自宇宙诞生以来最复杂最精密最了不起的学习机器，有生而知之的天赋本能，更有学而知之的强大能力，而父母的教育发生在无意识间。

父母与小朋友在一起待着本身就是最好的教育。漫长的演化，既把小朋友调教成为完美的学习机器，也把父母调教成为完美的教育家，尽管并不自知。养育孩子本身就是教育，它是即时的、自动的、无预案的，却给小朋友以丰富的信息和反馈，这是小朋友区分自己与世界后认识世界的最初指南。发展心理学的研究证明，跟小朋友在一起，做与小朋友在一起该做的事：说话、游戏、做鬼脸。关心，就是最好的教育，不需要特别的技巧、知识和能力，需要的只是时间。

看这本书，也懂得了小朋友的成长。

小朋友虽小，大脑比成人的要忙得多。三个月的时候，小朋友大脑负责视觉、听觉和触觉的那部分就开始大量消耗能量；到两岁，小朋友大脑消耗能量就达到成人水平；到三岁，达到成人的两倍，这种状态会持续到10岁左右；到18岁才降到成人水平。

为什么消耗这么多能量？小朋友大脑的神经元数量与成人相近，区别在于小朋友忙于建立神经元之间的连线（突触连接）。出生时每个神经元大约有2500个突触连接，两到三岁时达到最高峰，每个神经元平均有15000个突触连接，远高于成人。更多的连接意味着更丰富的认知世界的可能性。小朋友的大脑活动比成人更频繁，更富于连接的各种可能，更灵活，也就是说，更聪明。

随着长大，小朋友的突触连接减少，能量消耗降低，许多用不着的潜能，在小朋友成长之时，大脑中的对应神经元突触连接逐步消失。失去无穷无尽的可能，获得效率、逻辑和目标，小朋友长大成人。

6个月以内的孩子是真正的世界公民，对任何一种语言都有同样强大的理解力，无论是英语、中文还是斯瓦西里语。但到了12个月时，它就明显地更能理解身处环境中的那种特定语言，对其他语言的分辨能力显著下降，因为大脑中负责语言部分的那些神经元及其突触连接，从完全开放的可能开始收敛到当下对它最有用的那个子集。再往前走，小朋友学习语言的黄金期在8岁以前结束。如果到20岁才开始学习一门语言，则与40岁再学相比，难度并无不同。

但凡为人父母，都知道魔鬼两岁（terrible two）这个时期。两岁的小朋友是小魔鬼，不光是精力充沛，更可怕是精力充沛地折磨你。但为什么会这样又为什么会发生在两岁？因为两岁的孩子开始知道自己的想法与旁人的想法有区别，于是热衷于探索这些区别。你不让他做什么他偏要做什么，不是因为想做这件事，也不是因为所谓不听话，而是就要看看你的反应，从你的反应中学习，学着接受吧。

父母总认为自己对小朋友最重要，但对两岁左右的小朋友来说，大几岁的哥哥姐姐最重要。发展心理学认为，两岁左右的孩子开始意识到他的想法与别人的想法不同，正极力探索这种不同，而这是其心智成长的关键，父母因为无私养育小朋友，多半顺着它，提供的差异性不足，爷爷奶奶外公外婆更别提了；只有稍大一点的哥哥姐姐绝不会假以辞色，该打打该骂骂，提供了一个完全相逆的反馈系统。所以小朋友总是跟在哥哥姐姐后面，被嫌弃被虐，屁颠屁颠，那是老二在攻受中探索世界。

发展心理学还认为，老二特别有动力获得对老大的准确认知和预测。要让父母做点什么，哭两声就可以了。要让哥哥姐姐帮做点啥，哭没用，只能智取，所以整天跟在哥哥姐姐后面。离朋友要近，离对手要更近。生为老二，自通兵法。

作为两娃之爸，读到这些没有增加我调解两娃战争的技能，但观摩这场战争时从此会更宽心一些。我明白了，他们在用自己的方式学习，万千百年来皆如是。

至于我自己，做一个普通父亲，与小朋友多在一起，就是最好的教育。

国家要什么面子

中国与美国的战略思维差别在哪里

答案写在历史里

就这样颠覆历史

读懂俄罗斯革命

美国总统梦

恐二代、以色列头号线人、绿王子

冷战鹰鸽逸闻录

巴尔干

主权考

国家要什么面子

死要面子活受罪。人们常以为，在国际事务中，与沉重的国家利益相对，面子不值一提，要面子是一国政府不成熟的标志。国家利益至上，为此丢点面子有什么不可以？越王勾践卧薪尝胆，那才是政治家所为。

听起来是很有道理，那为什么在国际事务中国家面子事实上如此重要？难道都是虚荣在作怪？

托马斯·谢林（Thomas Schelling）是诺贝尔经济学奖得主，学术生涯主要在兰德公司度过，用博弈论设计美国针对苏联的冷战策略。在《军备及其影响》（*Arms and Influence*）一书中，他专章讲到了国家的面子。国家要面子，可不是因为领导人虚荣。因为虚荣而不理性地去冒风险或者去做不体面的事，比如恃强凌弱，这种事情不是为了国家的面子。

谢林说，国家的面子有极为厚重的内涵，它是其他国家及其领导人对于这个国家将会如何行事的预期。这与国家的“体面”“地位”甚至“荣誉”无关，只与国家采取行动的声名有关。国家可以不体面，无地位，丧失荣誉，但不能没有面子。面子是国家值得为之一战的极少数东西之一。如果单独地看，世界上几乎没有什么东西重要到不惜为之一战，以至于有人认为战争出自领导人的非理性。但是，保卫这些东西，为此不惜冒极大风险，甚至宁可付出大过所获，这些行动证明一个国家的承诺是可信的，其他国家因此相信，在将来涉及其他同样重要的东西时，这个国家也会坚决行动。

善战者不战；兵者凶器，圣人不得已而用之。这是一个硬币的两面，都是孙子兵法。

所谓“面子”，就是一个国家所做的关键承诺之间的相互依存，是一国采取行动的声名，是其他国家对此国行为的预期。一国丢掉面子，则国本动摇：承诺不可信，威胁不足惧。

谢林以朝鲜战争为例，美军在朝鲜战死3万人，不是为南朝鲜人去挽救南朝鲜，而是为了保全美国和联合国的面子。苏联对于美国在必要时会采取坚决行动的预期，是美国在冷战时期最重要的战略资产。这逻辑反过来对苏联也同样成立。一方丢掉面子，则核战争接踵而来。

当然，不惜代价维护其他国家对于本国行动的预期，兹事体大，并不适用于所有场合。特别是，不要把国家的面子与一件不值当的事情联系起来。面子什么时候最贵？丢面子的时候面子最贵。同样地，如果与他人起争端，要帮助对方把其面子与争端切割开来——如果我们让不了步，那就不要把对方逼得无路可走。

至于在领导人互访之中，他国给的是冷遇还是礼遇，这种小事，大政治家当一笑置之。

中国与美国的战略思维差别在哪里

此前读书，对自然选择与社会演化有些朦胧的体会：自然界的各种现象，表面上看有目的，其实是随机的。人类社会的各种现象，其实有目的，但表面上是随机的。看到复旦大学教授唐世平横跨自然演化和社会演化两界的研究，找了他的《国际政治的社会演化》（*The Social Evolution of International Politics*）来看，这书获得了国际研究协会（ISA）2014年度最佳著作奖，至少应该是在大陆治学的中国政治学者的第一次。唐教授以进化论来解国际关系史，批判既有的多种主流国际关系理论，一石二鸟，格局极大。

《心流》（*Flow*）的作者米哈里·希斯赞特米哈伊曾说，是否理解进化论，两者之间有一道鸿沟，好比智商低的要被收智商税，那不理解进化论的，会被收进化论税。从进化论视角看，福山的历史终结论，不论是当初的已经终结还是今天的理应终结于自由民主体制。

唐世平不是简单将生物进化论复制于社会演化分析，而是建构自己的社会演化范式 SEP（Social Evolutionary Paradigm）。他称这是寄生于超级拉马克主义的达尔文主义，简而言之，SEP 主张社会演化是有意识的，群择的，对环境变化应激的，获得性特征是可“遗传”的，选择不再是简单的自然选择而是受自然限制的人择；最后，与现代达尔文主义一样，SEP 认为社会演化没有方向，历史没有目的。

唐世平援引考古学研究，认为战争不是从来就有，而有其起源，大体在公元前8000年出现。这个时间与农业和定居生活出现相近。此前的狩猎采集时代，虽然存在群体内部的暴力，但群体之间的战争几乎没有，因为人口压力很小而资源相对充裕。他把这称为天堂时代。即使到了农业和定居时代，战争大量出现也要到公元前6000年到4000年左右。但战争一旦兴起，基于恐惧和多米诺骨牌效应，就成为群体间解决争端的最主要的最终机制，并重组人类社会，创造国家。人类社会就此走出天堂时代，无可避免地滑向进攻性现实主义时代，也就是群体之间暴力解决、唯力是视的时代。

我不大同意狩猎采集时代人口压力小资源充裕这种说法。人口数量与资源的压力，从古至今是相似的。人的能力决定对人来说可用的资源。以今视古，认为在人口数量极小的史前时代资源相对充裕，可能是犯了后视镜错误。如果不是资源匮乏所迫，智人有何必要很快就扩散到全世界每个角落？我很怀疑这个天堂时代存在过。

要么征服要么被征服，这是进攻性现实主义的中心机制，却也埋下了进攻性现实主义自我颠覆的种子。当代新自由主义认为战争减少有三个主要原因：民主化，相互依存，多边机构与规则出现。唐世平认为均误，战争才是战争减少的理由。

征服的必然结果是国家数量越来越少而规模越大，所以征服越有效，接下来就越失效。加上三个辅助机制：战争不能实现征服之为现实，战争不能实现征服作为一种观念广为传播并与现实印证；民族国家和主权兴起与征服失效相互加强。

自1648年威斯特法尼亚公约以来，所有建立霸权的努力全告失败（除了美国），已启动防守性现实主义的潮流，在二战结束时已成主流蔚为大观。而在二战结束以来，接受长期和平共处现实的各国，在重复博弈中趋向长期合作，并催生多边规则，走向基于规则的国际关系。

进攻性现实主义来自并适用于前大国政治时代，防守性现实主义来自并适用于大国政治时代（1648—1945），新自由主义来自并适用于二战结束以来的时代。国际体系处于永远的演化当中，没有一个单一理论能跨时通吃，而错配理论与时代，轻则殒身，重则亡国。

天堂时代—进攻性现实主义时代—防守性现实主义时代—基于规则的时代，唐世平描绘的国际关系演化确实很有鹰鸽博弈色彩。在当下这个时代，唐世平建议国家间的正确策略是尽量合作并尽量将合作制度化，如果无法合作，尽量避免战争。

当下，中国与美国的战略思维差别在哪里？最近见到唐世平，向他当面请教。我说，美国大体已接受基于规则的国际关系观，还存有防守性现实主义的因素；中国大体还在防守性现实主义阶段，还存有进攻性现实主义的残留。两国之间经常误解时有理解，难以避免。

历史在永远的演化之中，既无周期也不会重返过去，更不会结束于基于规则的状态之中，下一变是什么？唐世平没有试图做答。演化无目的无方向充满偶然，下一步不可预测。

唐教授格局恢宏。期待他今年将出的关于社会演化范式的力作。

答案写在历史里

2014年底，股市涨势已成而疯狂未至，我坐镇财新峰会的嘉宾休息室，看嘉宾们往来，我一一问道，所得千言万语，凝聚成十二个字：

“当下无脑看多，将来一地鸡毛”。

一年过去，股市果然无脑过了，也果然鸡毛过了。聚合精英智慧这件事，看来靠谱。

2015年底财新峰会，我坐镇嘉宾室依旧，换了组问题。

不改革光放水，行不行？

几乎没有争议，不改革是不行的。放水托底之策，用处越来越小。每次放点水，市场就跟你博弈一下，但信心是不会给你的。结果无非是市场多几次波动，有人得益有人受损，但总体是拖延时间增加代价。

还会不会改革？

几乎没有争议，共识是实质性的重大改革一定会实施，只是时间问题。

如果改革，有没有用？

也几乎没有争议，只要是坚决实施实质性的重大改革，一定会有用。中国人仍然那么勤劳，那么迫切想要致富，政府还有那么多改革牌，打出来肯定可以引爆新一轮改革红利。市场不缺信心，缺的只是市场信心得以凝聚的不可撤回的坚决改革措施。

中国人与外国人对中国经济前景产生重大分歧的关键，就在于会不会改革与改革有无用处这两点看法不同。当前国际上对中国经济前景竞相表示悲观，多是基于线性思维；国人则更了解中国改革的周期性逻辑。阴阳相生，既济未济，旧力死透则新力自生。这些是很玄，可也是中国改革走过的真实历程。

什么时候改革？

这一点分歧最大。

有人说看数据，最重要的是就业市场会不会出现巨大压力，这个现在还没有发生，尽管有了点征兆。

有人说看时点，比如2017年中共十九大召开就会是一个关键时点。

有人说看政策拐点，比如实质性打破刚性兑付，当然，这以防止出现债务危机为前提。

这些分歧不是原则性的，只是指标不同，彼此有兼容之处，而如果三重检验相印证，更大增胜算。改革力度与经济困难程度从来成正比，从底部开始的改革最有爆发力。让我们静等临界点。

最后荐书，《历史的教训》，杜兰特夫妇完成《文明的故事》11卷本巨著后的一本小书，算是一篇长跋。笔耕40年完成私家人类文明史之后，两人笔力自由、丰满、雄健，更有阅尽世事后的宽容、通达和智慧。

威尔·杜兰特（Will Durant）年轻时写书，哲人浅说，一举成功，财务自由，从此环游世界，写世界文明史写了一辈子。其间于中学任教，娶了女学生 Ariel，一起生活70年。这么一对单纯的夫妇，写出来的东西这么通达，了不起。这说明，哪怕光读历史，读到足够多，也能有智慧。

《历史的教训》这本书，桥水资本创始人雷·达里奥（Ray Dalio）访华的时候特地送给了一位中国领导人。一位是近年最成功的对冲基金管理人，一位是阅尽风波的政治家，共同之处是读史。

关于改革的所有关键问题，前面所讲近乎常识，却也是锤炼而得的智慧，足以搭建有用的预测框架。这与《历史的教训》有什么关系？

答案写在历史里。

就这样颠覆历史

欧文·拉铁摩尔（Owen Lattimore）生于美国，长于中国，去过延安，做过蒋介石的顾问，被麦卡锡打成过苏联间谍，游历过从东北到蒙古到新疆到西藏的中国内亚边疆，服膺过汤因比，没有过正规学术训练，写过一本《中国的亚洲内陆边疆》，成为70年来声誉不坠之中国边疆史名著。

这书出版于1940年，当时满蒙在日本人占领下，新疆在苏联支持的盛世才控制下。英文书名是*Inner Asian Frontiers of China*，中译本作《中国的亚洲内陆边疆》，如果今天再译，大概会译作《中国的内亚边疆》。书读下来，以我见多识广但绝对外行的视角，印证向来有的民国大师被高估的想法——他要是中国人，早已被奉为大师中的大师了。拉铁摩尔的内亚史观独到深刻大胆，完全颠覆传统的华夷史观。

拉铁摩尔受汤因比文明史观的影响较深，毕生学术抱负就是要形成一套人类社会形成、演化、兴起、衰落并在边疆互动的“科学”理论。《中国的亚洲内陆边疆》书名以中国开头，但其史观并非以中国为中心，而是把从中亚到东亚的这块大陆历史视为农业文明与草原文明之间冲突与妥协形成的脆弱平衡。

从蒙古草原到满洲再到疆、藏，拉铁摩尔一一道来，其观点与多年后著《枪炮、细菌与钢铁》的贾雷德·戴蒙德（Jared Diamond）相似：在很长时间里，气候和地理决定了最基本的生产方式，由此塑造了社会组织。中原由此成型，草原由此而兴。位于两者之间的边疆地带，则混有两种生产方式和社会结构，有时南向，有时北倾，举足轻重，构成两千年来国家兴废的外部原动力。

向南易向北难

精耕农业塑造了中原，也决定了中国向南容易，生产方式与社会结构向南扩张没有气候设定的边际，向北则是另一个故事。长城线既是地理概念，又是政治概念，也是气候概念和经济概念，代表汉族精耕农业的极限，越过这条线，精耕经济让位于粗耕和畜牧的混合经济，汉族生活方式和社会组织的向心力减弱，游牧方式及其社会组织的向心力增强。建造长城，既保护汉地免受北来的威胁，也限制汉人越过这条边界。越过这条边界的行动，如大军深入草原，又如军屯，首要动因都是为了保护这长城线及其侧翼。

拉铁摩尔认为，丝绸之路的起因不是长途贸易的需要，也不是为了输出丝绸，而是另一个长链条的产物。中原地区的人口压力，迫使其向西发展，扩展到宁夏和甘肃的绿洲农业地区，但这些地区的地理条件并不适宜精耕农业，一方面始终处于不稳定之中，另一方面逐渐蛮化，投向草原游牧的势力范围和生活方式。中国必须进占更远的据点，威胁草原的侧翼，控制并保护这些交界地带，于是一直前进到天山南北。贸易只是这一政策的结果而非原因。

夏商周关系

夏商周三代，自古深入中国人内心。问题是商有商墟，周有成周，都有无可辩驳的文献和考古证据，夏却只有史书记载的传说，并未找到考古证据。夏商周断代工程没过这一关。河南偃师二里头遗址发现的中国最早大型宫殿，有学者指为夏都，但远非共识。

拉铁摩尔提出一个极有想象力的见解：夏不是一个朝代或政治实体，而是一个地域概念，对应于精耕农业文化起源地带，以黄河流域的黄土区为核心延展。商是这一文化发展过程中产生的核心政权，周是这一文化边缘地带的政权，都是同一生产方式和社会组织系统的衍生，发展程度不同。周代商，既有落后国取代先进国的因素，又有文化体内部主导国家自然传承的因素。拉铁摩尔这一解释，与目前找不到夏作为一个政权存在过的考古证据这一事实兼容，也与关于夏及其与商、周关系的史书记载兼容。

华夏造就蛮夷

从周平王东迁到战国，戎狄登上中国历史舞台，华夷关系主导了以后中国的国际政治史。过往一般认为，蛮族入侵而华族防守。拉铁摩尔看法则完全相反。他认为，戎狄与华夏，本来皆属同种。接受了精耕农业及相应的生产方式、社会组织和文化的群体，则成华夏；保有前精耕农业时期生活方式的群体，则成戎狄，被华夏一步步从平原驱向北方草原。不然怎么解释戎狄扰边数百年，中原地盘却越来越大呢？

拉铁摩尔还有更大胆的推想，戎狄之被推向草原，与西伯利亚森林边缘、中亚绿洲边缘共为草原游牧民族的三大起源。他认为东周以后中国建立国家政治体的进程，恰与草原游牧民族的兴起同步，正是因为中国造就了其死敌。精耕农业的中国模式将原在中原的戎狄一步步赶走，使其混合经济无法立足，再从近迩的山地与河源逐出，最终赶向草原深入，然后携烈马弓箭归来。

战国时期赵武灵王改制，胡服骑射，在拉铁摩尔看来，也是因为赵国处于华夷前哨，边疆地带无法支撑精耕农业，走向粗耕与游牧混合的生产方式，连带政治体也出现胡化。拉铁摩尔更提出，晋之所以三分为赵魏韩，正是因为边疆胡化与晋作为核心中原政治体的这层紧张关系。

在草原与中原之间，是混有草原和中原生产方式、社会组织、军制的边疆地带。这里是双方消长之地，也可左右草原与中原的兴亡。因为差异太大，中原对草原并无兴趣，正如草原对中原并无兴趣，只有边疆地带兼有两者的力量，洞察两者的虚实，对两者都可能产生兴趣，有可能北倾，有可能南向，既可以是北征主力，也可以是南侵干城。这本书的后半部分，历数匈奴、鲜卑、女真等漠南部落从长城以北大漠以南的中间地带崛起，南征北伐，征服中原和草原。

王朝轮回与人口政策

拉铁摩尔认为，中国的农业精耕＋大水利模式，需要大量便宜人工，所以政府总是鼓励人口增加。宗法体系、孝道为先，都是这一政策内化到文化的结果。承平年代，人口迅速增加，直到农村不能增受人口压力而崩溃，于是革命，改朝换代，重新来过。他对这套轮回的评价有阳秋：在谈到19世纪内蒙的传统游牧社会崩塌时，他说，牧民已经极度穷困，但比南面的农民还是好些。因为贵族王公看牧民是看作牲口的，而牲口总还要养一养的。

读懂俄罗斯革命

《一个民族的悲剧：1891年至1924年的俄国革命》（*A People's Tragedy: The Russian Revolution 1891-1924*），作者是英国史学家奥兰多·费吉斯（Orlando Figes），专治俄罗斯史，兼具文才和史才。这本书是他的成名作，获奖无数。1891年发生俄罗斯大饥荒，1924年列宁去世。

王朝衰世

罗曼诺夫王朝没有内阁，也没有相权。末代沙皇尼古拉亲政勤勉，亲自处理大小公务，包括职业学校厨子的聘任事宜，连秘书都不要。他坚信自己与俄罗斯人民有神秘的血肉相连。

末代皇后亚力山德拉是英国维多利亚女王外孙女。维多利亚教其为君之道，在于致力获得臣民拥戴。亚力山德拉回答，您错了。沙皇就是人民。人民必然爱他。独子阿列克塞是血友病患者，纵王室照样求告无门，为神棍拉斯普金打开了冬宫大门。

父皇亚历山大三世壮年早逝，尼古拉接位时惊恐万状：“我不会治国，也没有兴趣治国，我都不知道怎么跟大臣说话！”路易十六接位时也说过类似的话。

1850年代的克里米亚战争对俄罗斯相当于鸦片战争对中国；1905年的日俄战争对俄罗斯相当于甲午战争对中国。第一次战败后都搞现代化改革；第二次战败后都搞革命。非常巧合，英国人和日本人分别给中俄带来了这两场战争。

1870年代，俄罗斯统治阶层出现立宪思潮。改革派大本营在财政部，部长阿巴查（Abaza）说，沙皇不能只靠100万军队和官员治理国家。后来1890年代的改革派领袖维特也说，俄罗斯只有改革，走向现代化、法治、自由，才能避免革命。

保守派大本营在内务部，领袖德洛夫（Durnovo）认为宪政时机不成熟，要等到经济发展水平够高才能启动政治改革。经济自由化加专制政治是他们开出的药方。

1881年，亚历山大二世遇刺身亡，亚历山大三世接位，相信改良只会催生暴徒，改革派全数下野。

20世纪，如果初问一个乌克兰农民他是谁，他会回答是东正教徒；问他是俄国人还是乌克兰人，他会说自己是农民，谁当国王都一样。民族主义的兴起，要等到教育普及、市场连接农村与城市以后，才会成为潮流。

由于俄罗斯帝国扩张太快，俄罗斯人只占帝国人口比例44%，激发了大俄罗斯主义危机感，于是禁止学校、公文和公共场所使用俄语以外的民族语言。波兰大学生研读波兰文学时，必须使用俄译本。1907年，基辅行政当局发布霍乱通知，不用乌克兰文用俄文，但乌克兰90% 人口是农民，不识俄文。

犹太人处在俄罗斯多民族结构的底层，不允许拥有土地。沙俄最后年代有数百起迫害犹太人事件，并非出自政府策划，而是民间自发。反犹主义也是权力阶层的时髦，沙皇尼古拉认为犹太人经商，亵渎了俄罗斯国民的纯洁性格。

俄罗斯第一个马克思主义政党是犹太人党。同为犹太人的托洛茨基认为阶级斗争比民族斗争更重要，最终犹太人马克思主义政党沿阶级斗争与民族斗争的路线一分为二。

民粹主义、崇拜农民、回归乡村，一度有很大的政治影响力，激发了一代俄罗斯理想主义年青人自发上山下乡。但如诗如画的俄罗斯乡村社会是幻觉，刚从农奴制脱身的农村多疑、排外、暴力，读高尔基的《关于俄罗斯农民》就懂了。

俄罗斯农村流传着很多如何打老婆的技术指导："用斧柄给她来一下，看她还有呼吸没有，要是还有，再来一下。"1860年代废除农奴制，解放了农民人身，但没有把他们织入法治社会的框架。

列宁主义不起源于列宁自己。1869年，勒切夫（Nechaev）出版革命对话集：革命者没有情感，没有私务，没有牵挂，没有财产，没有道德，没有名字，一切都服务于惟一的目的：革命。因同志伊万诺夫（Ivanov）拒绝服从命令，勒切夫将其处死。陀思妥耶夫斯基将此事写入小说《群魔》(*The Possessed*)。

俄罗斯民粹主义运动有三个基本主张：要民主要自由；理想化农村和农民；俄罗斯可以村社为样板走出一条独特的现代化道路。有个致命问题：农民不愿革命怎么办？一派认为要通过教育，等待农民产生革命自觉；一派认为要带领农民革命。

1874年夏，数千学生自发下乡，与农民生活在一起，并传播革命思想，农民反应冷淡，多以悲剧和闹剧收场。民粹主义自此日走下风。

1878年，激进革命派刺杀彼得堡总督，被判无罪，此后发生多起刺杀案，高潮是1881年刺杀沙皇亚历山大二世，锁定了革命与反革命的极端化螺旋。

列宁的哥哥亚历山大·乌里亚诺夫是土地和自由党激进派成员，计划在亚历山大二世遇刺六周年之际刺杀亚历山大三世，失败，被处死。沙皇最后20年，1.7万人死于革命恐怖活动。革命党经费主要来自抢劫。

列宁的中学校长费多尔·克伦斯基给他的评语是：模范学生，服从权威。他不可能想得到这个模范学生有一天会夺了他儿子的权。他的儿子是克伦斯基，1917年俄罗斯临时政府总理，十月革命的对象。

列宁兄长亚历山大是乌里亚诺夫家这一代的骄傲，1887年，因主谋刺杀亚历山大三世被处极刑。这是列宁转向革命的催化剂。参与了刺杀的密谋者还有约瑟夫·毕苏斯基（Joseph Pilsudski），后来成为波兰统治者，在十月革命后派军队进攻红色苏维埃，并占据乌克兰大部。历史就是这样吊诡。

在读到马克思主义之前，列宁已经读了大量车尔尼雪夫斯基、特卡切夫（Tkachev）。后来叫作列宁主义的那些东西：严明的革命纪律、雅各宾式独裁倾向、对自由派和民主派的蔑视，来自于俄罗斯革命传统，而不是马克思。

1872年，马克思《资本论》通过了沙皇的出版审查，他以前的所有著作都没能通过。审查者认为，《资本论》太艰涩了，俄罗斯没人会看。就这样，马克思主义来到俄罗斯。马克思主义满足了俄罗斯知识分子对绝对真理的追求，获得了狂热的广泛皈依。从此，农民革命的道路被摒弃，工人革命成为主流。

1903年俄社会民主党第二次大会，列宁与马托夫决裂。列宁认为须加入党组织才能成为党员，马托夫认为只要认同党的纲领就可以。23票支持列宁，28 票反对。随后支持马托夫的两个小派别因其他主张被否退出，列宁获得微弱多数，自称多数派（布尔什维克），称对手为少数派（孟什维克）。

1891年俄罗斯大饥荒，50万人死亡。政府最早禁止报道，官方口径是收成差点。没有可靠信息，民间传闻越传越可怕。最后政府不得不承认失败，当年11月宣布开禁，请求社会各界组织援助，这是一个历史性时刻，自此政府再也不能控制公民自组织和社会大讨论。

最后的改革机会

1904年，日俄战争一触即发，俄内务部长普列韦（Plehve）说，干脆打场小胜仗来遏制革命吧。战争的确把许多自由派变成军国狂人。但是，沙俄战败，从此不可收拾。

战争爆发后，普列韦被刺。沙皇不得已换开明派人物默斯基（Mirsky）接任，其妻在日记中写道，这下不好了，期望如此之高，而能做的太少。上帝保佑老公。沙皇最后20年反复出现一个主题：一波又一波改革愿望在沙皇反对下不能有所为。默斯基向沙皇建议把当时的一点基层自治扩展到全俄，沙皇说，还真是，这样就可以更好地研究牲畜了。默斯基说，代议制机构要做的是对政治发言。沙皇沉默。事遂寝。

这事黄了以后，默斯基对手下说，没救了，多建点监狱吧。

1905年1月9日，彼得堡15万工人在神父加邦（Gapon）带领下，抬着沙皇尼古拉的肖像，到冬宫向沙皇请愿。像前人相信沙皇是农民的保护者一样，加邦神父相信沙皇是工人的保护者。军队开枪，200人被杀。对工人的争夺结束，俄国革命不可逆。

1905年10月17日，全国大罢工期间，562家工厂代表集会，创设圣彼得堡苏维埃，50名委员中，各有七名来自孟什维克、布尔什维克、社会革命党。孟什维克事实上主导了苏维埃，因为他们本来就主张工人大民主，布尔什维克影响力很小，他们对工人自发革命有怀疑。

沙皇终于打猎归来，维特告诉他国家即将崩溃，要么马上政改，要么立即军管。尼古拉想任命叔叔尼克莱为军事总督，尼克莱掏出左轮，如果沙皇不收回成命就当场自杀。尼克莱是皇室惟一有军事才能的人。沙皇只好颁政改诏。

1905年沙皇政改诏下之后，政治暂时恢复正常，但街头左右翼暴力事件随即出现。社会地位最低的犹太人再次成为替罪羊。保皇右翼指称俄罗斯之乱全因犹太人阴谋，全俄出现数百起迫害犹太人事件，在敖德萨，800名犹太人被杀。

沙皇下政改诏后仅两个月，1905年12月，逮捕彼得堡苏维埃领导人，莫斯科工人起义被镇压，工人死亡上千。镇压成功使沙皇进一步迷信武力。温和派首辅维特说他失去对沙皇的影响力，极右派德诺夫（Durnovo）主导。沙皇政改收场之时，总共2.5万人被杀。

莫斯科工人起义时，高尔基的公寓成为策划中心。事败后高尔基逃亡芬兰。执政的温和派领袖维特付钱给《伦敦每日电讯报》，散布高尔基是反犹主义人士的谣言。非常讽刺，反犹主义是沙皇执政后期集结反动派的主要动力之一。

1905年革命失败有三个原因：革命力量（工人、革命党、农民、哗变的军队）各行其事，缺乏协调；军队主体仍然忠于沙皇；沙皇政治改革诏令分化了自由派和革命派。

革命失败，但沙皇失去了全部软实力。一位俄罗斯农民说，前几年对沙皇又有指望又害怕，现在只剩下害怕了。

1906年，51位苏维埃领导人受审，支持者送来的鲜花把法庭变成了花店，法官没有勇气令法警拿走。托洛茨基激情陈词完毕，辩护律师们与他热烈握手，其中一名在1917年成了克伦斯基政府司法部长，以叛国罪逮捕了托洛茨基。又一个革命时代的吊诡。

政治光谱急剧向两端收缩。中间偏左和中间偏右萎缩。地主主导的地方自治机构，过去曾是自由化改革的主力，逐步变成反革命中坚。一度与苏维埃联盟的立宪党，认识到他们是革命的下一个目标。许多左翼知识分子不谈政治，长出肥肉。

一批知名左翼知识分子出书反省革命。有人写道：我们应该停止幻想拯救人民。人民比沙皇的全部枪决令加起来还要可怕。只有沙皇和刺刀才能保护我们。

1905年革命后，列宁革命理论成型：与沙皇斗争，资产阶级不可靠；俄罗斯社会主义革命不必经过资产阶级革命阶段。托洛茨基与列宁相似，虽然他名义上还是孟什维克。他与列宁也有别，相信在欧洲社会主义革命没来时，资产阶级如果不支持或不保持中立，俄国革命将会失败，所以对资产阶级要怀柔。

1906年4月27日，在沙皇尼古拉的坚持下，第一次俄罗斯国家杜马在冬宫而不是议会大厦开幕。沙皇进入大厅时，大臣欢呼，但杜马代表们一语不发。沙皇在仪式中没有看杜马代表一眼，在发表完将以铁血维护君主独裁的讲演后即离去。1917年以前，俄罗斯政治只有一个主题：杜马与沙皇之争。

两个革命政党——社会革命党和社会民主党没有参加国家杜马，杜马主要由农民党和代表资产阶级的立宪党人组成。第一个要求是土地改革，征收地主多余土地。在沉默20多天后，沙皇发下两个法案，第一个是建个洗衣店，第二个是在某大学建图书馆。第一届国家杜马在72天后即被解散。

沙俄最后一相斯托雷平与戈尔巴乔夫相似：都致力于为一个腐朽的专制统治做自由化改革，都在强权既得利益集团与激进民主派之间找一条窄路，都没有看清两者完全不能兼容，都选择自上而下推进改革，也都失败于此。

斯托雷平在农村平乱，曾面对一名刺客解开大衣，要他当众开枪。刺客动摇，投降。他的女儿说他充分掌握了地主对农民的威势。斯托雷平在1907年出任首相后写下遗书，第一句是：我在哪里被杀，就埋在哪里。

斯托雷平说自己两线作战：为对抗革命而战，也为推进改革而战。他认为维持沙皇制的惟一办法，是给农民土地，给农民平等的政治权利，使其成为现体制的支柱。他主张法治，主张保护人的自由权利。

1911年8月，在基辅剧院，沙皇尼古拉面前，斯托雷平遇刺，四日后死亡。刺客博格洛夫（Bogrov）原为革命党，后被收买成为警方线人。没人说得清他是受左派还是右派指使。斯托雷平两面都树敌太多。

七年后，沙皇尼古拉在被布尔什维克灭族前说，如果斯托雷平活着，自己也许不会走上末路。

20世纪初的俄罗斯农村，土地为村社共同所有，农民的自留地在外，数年一换，村社共有地居中。有点井田制，又有点承包制。家庭内部，土地权利也归成员共有。农民无法积累财富，陷于平均的贫困。斯托雷平土改推动农民私有化自留地，并鼓励土地集中，以制造恒产来制造恒心。未成功。

战争与革命

能凝聚俄罗斯的只剩下民族主义。一战前，大斯拉夫主义与大日耳曼主义在东南欧针锋相对。沙皇尼古拉对与叔叔德皇开战很犹豫。战争失败则革命不可阻；不开战则被民族激情扫进墙角。尼古拉决定豪赌。他以为战争不论胜败会在六个月内结束，他不知道一战是现代消耗战的代名词。

勃鲁西洛夫（Brusilov）是沙俄最杰出的将领，发明了以他名字命名的突破德国阵地战法。战争初期任俄军第八军司令对奥作战。他带军打上了卡帕提亚山，由于弹药不继，不能向下攻击到匈牙利平原。革命后他参加红军，而此时在他麾下的邓尼金是白军领袖。他们的故事将在1921年继续。

由于战术过时，对德作战头几个月，俄军中下级军官几乎全部伤亡，替换他们的是20岁出头火线提拔临时训练的士兵，他们一般出身农民。他们是1917年革命军官团的主力。一战为沙俄准备好了掘墓人。

1915年5月，德国发动东线总攻击，俄军溃败。9月，尼古拉摄最高统帅位，以激励军心，但适得其反，人人皆知尼古拉昧于军事。大本营迁至彼得堡西一村庄，原意为“坟墓”。朝政执于皇后和拉斯普金。革命到来前的17个月换了四任首相。贵族知亡国在即，疯狂地享受最后的奢华。

沙俄战争后勤完全崩溃。民间自发组织，由1905年日俄战争期间民间后援组织领袖利沃夫（Lvov）牵头，为前线提供医疗、运输等保障，规模大到如同另一个政府。1917年2月革命后，临时政府只有三个部长不是来自战争期间的后援组织，利沃夫是第一任总理。

俄罗斯军队成为革命中坚的几个原因：上级军官普遍无视士兵生命；战争准备和后勤组织是一场灾难，没粮没枪没衣服；皇后是德国人，军队普遍相信宫廷内有德国间谍；拉斯普金弄权毁灭了沙皇的神秘感和权威。

勃鲁西洛夫等职业高级将领原来以为对德战争及其胜利能防止国内革命。1916年冬，他们终于认识到事实正好相反：只有革命，换掉沙皇政权，才是打赢的前提。战争不独立于政治。

尤苏波夫（Yusupov）大公是同性恋，新娶沙皇侄女，请拉斯普金“治愈”断袖之癖，拉斯普金却引诱他。大公谋除之。1916年12月16日，请其至家中，以氰化钾毒酒鸩之，无事。以枪击之者再，不久苏醒，在庭院中大叫：“我要告发你们！”另一位密谋者正好进门，给他两枪，搞定。神棍死后两月，二月革命到来。

战争也考验革命党人。德国社民党一直是俄罗斯革命者的指南和样板，但德国社民党支持战争，给俄国革命者沉重一击。托洛茨基说这比宣战本身还可怕。列宁刚听说此事时认为这是德国间谍分裂革命者的阴谋。民族主义给国际主义革命者上了一课。科伦泰正好在德国议会投票表决的现场，目睹德国社民党议员着军服投下赞成票，几乎崩溃。

社会革命党和孟什维克分裂为支持战争的防卫派和反战的国际主义派。只有布尔什维克坚定反战。列宁认为，工人阶级应当发动内战，才能结束这场帝国主义战争。托洛茨基是孟什维克国际主义派领袖，他逐步认同列宁对战争的判断，1917年7月加入布尔什维克。

布尔什维克领导人中，有些在一战期间流亡海外（托洛茨基、布哈林），有文化，了解欧洲，国际主义，往往出身孟什维克；一类出身农民，始终在国内（斯大林、捷尔任斯基），残酷斗争无情打击是家常便饭。这是后来“世界革命派”与“社会主义在一国首先胜利派”斗争之源。

农民应征入伍，加上运力首先保障军需，使城市出现粮食短缺。1917年初，彼得堡妇女每周在配给处排队领粮的时间超过40小时。排队人太多，成了消息和谣言的汇总地。二月革命是这样发生的：一群妇女领面包排队排得不耐烦，回工厂去发动工友游行。排队导致革命。

人民的革命

1917年2月23日，纯粹出于自发，彼得堡大游行开始。

2月25日，军队开枪，死伤数百。开枪的部队回到营房后，非常后悔，下层军官与士兵，与游行工人一样，大多刚刚从农村来到城市。他们发誓绝不再向“兄弟姐妹”开枪。次日军官令其出发，被拒。在抗命士兵面前，这名军官因恐惧转身逃跑，跑不过子弹。

权威瓦解，暴露纸老虎面目。彼得堡军队全面哗变，保护抗议者，与警察激战。二月革命没有领袖。

二月革命并不简单地是全民的节日。暴力洪流自发地席卷一切特权者，中产阶级的眼镜、白衬衫也被当作特权象征被踩碎，被扯碎。

农民抢劫托尔斯泰庄园。未亡人向克伦斯基求救，打包手稿，熄灭灯火，枯坐客厅，等待命运裁决。农民又来了，天黑，以为已抢光，打另一家土豪去了。托尔斯泰和那一代的知识分子崇拜农民，因其坚韧，承受、包容一切苦难。他没活到亲历这苦难的释放。

1917年1月，列宁在瑞士说，我们这些老人大概看不到革命那一天了。二月革命发生时，社会革命党、孟什维克和布尔什维克的领袖都不在彼得堡，要么流亡海外，要么流放西伯利亚。在彼得堡的中层革命党人直到2月27日革命已经实现时，才出去领导革命：“我们是革命领袖，要赶上革命。”

2月27日下午，各党联合成立彼得堡苏维埃工人临时执行委员会。3000人的彼得堡工人和士兵晚间成立苏维埃。执委会的主要成员来自各社会主义政党。他们是左翼知识分子，宣布代表工人和士兵。

2月28日，国家杜马在左右翼的斗争中犹豫不决。克伦斯基决定自己成立一个非正式的国家杜马恢复秩序临时委员会。同在塔夫利宫（Tauride Place），苏维埃在左边，杜马临时委员会在右边。前者在街头一呼百应，但没有合法性；后者有合法性，但对街头没有影响力。

克伦斯基是惟一在临时政府中任职的苏维埃执委。这本不被允许。他告诉大会，你们信任我吗？如果这还需要证明，我现在就死给你们看！于是鼓掌通过。两边任职使他执掌最多权势。在杜马时他穿大衣戴领结，以获资产阶级的认同；在苏维埃时则脱掉大衣和领结，好更像无产阶级。

为恢复秩序，杜马临时委员会命令士兵回到军营，服从军官指挥。士兵担心秋后算账，士兵占绝对多数的苏维埃大会通过一号令，建立士兵委员会，士兵只服从苏维埃，杜马的命令不得与苏维埃抵触。一号令彻底摧毁了军纪。

苏维埃领导人只希望迫使杜马建立资产阶级政权。有几个原因：领导人认为社会主义革命还没到来，要先经过资产阶级革命；苏维埃掌权可能引发反革命的强烈反击；一旦执政，从此承受街头革命洪流压力的就不是沙俄也不是杜马而是苏维埃。苏维埃与杜马谈判成立新政府，拱手将政权交给了资产阶级。

1917年10月之前，苏维埃至少有四次机会夺权，但每次都放弃，错过了把革命纳入民主化轨道的机会，反而成为布尔什维克夺权的驱除者。

苏维埃支持临时政府的条件：大赦政治犯；言论出版集会自由；废除基于阶级、宗教和民族的限制；召开制宪会议；解散警察；实行直接、普遍、秘密和平等的选举制；参加革命的士兵不得解除武装或送到前线，在不值勤时享有完全公民权。条件没涉及战争和土改——最重大的两个问题。

沙皇尼古拉2月26日的日记：10点做弥撒；早饭时有很多人，包括所有的外国人；给阿历克斯（Alix）写了信，在波布历斯基（Bobrisky）路上的小教堂边散了会儿步；天气不错，有点冷；下午茶后读了点书，跟参议员特留奇波夫（Tregubov）谈到吃晚饭；睡前玩了会儿多米诺骨牌。那天彼得堡军队全面哗变，苏维埃于次日成立。

军队没来护驾。有一支小队赶到冬宫，但米哈依大公担心瓷器受损，命令其返回。执行总司令担心调动前线军队回京镇压，会引发全军哗变，被德军所乘。他和全部前线将领通电尼古拉，沙皇叔父尼科莱跪求，要其逊位。尼古拉问随从将领，答案一样。孤家寡人，穷途末路，沙皇逊位。

沙皇原传位儿子阿列克塞。儿子13岁，血友病，拉斯普金曾说13岁前能治愈。御医说血友病无药可治，而且尼古拉一旦逊位就会被流放。尼古拉于是传位于兄弟米哈依，因为他不能与儿子分离。沙皇一家数年后被布尔什维克全部枪杀。

米哈依大公意外得知被传位，问杜马领导人如果自己接位能否保障人身安全，答案是否定的。他于是拒绝。300年沙皇制结束。举国欢腾。没有人想复辟，后来的白军领袖也不敢以此为口号，这等于政治自杀。

临时政府面对三大问题：在土地问题上，放任农民分抢地主；在民族问题上，认为在国民大会召开前应保持现状，为此不惜在芬兰以武力威胁；在战争问题上，继续对德战争。可以说，沙皇制崩溃后临时政府寄望对外战争来建国，布尔什维克坚决停战，但不惜用内战来建国。布尔什维克赢了。

1917年4月，列宁从瑞士归国。德国乐见革命者返俄，列宁不待俄临时政府与德谈判即单方达成通行协议。布尔什维克是惟一坚定反战的政党，厌战已久的前线迅速布尔什维克化。士兵大多出身农民，布尔什维克主义只意味着四个字：回家，分地。

列宁在返国列车上起草了四月提纲：结束帝国主义战争，立即开展无产阶级革命。这一方案远比国内的布尔什维克方案激进，当时只有科伦泰支持他。反对者中，有斯大林。

资产阶级和中产阶级认为二月革命推翻沙皇，是人民的胜利。处于底层的农民、工人和士兵认为这是底层对于压在其头上的一切阶层的胜利。他们才是“人民”。他们赢了，除了砸碎一切特权的标志，还强烈地想要按其意志彻底重组社会：农民要地，工人要工厂，士兵要和平，所有人都要自治。

布尔什维克是惟一表示会满足这些需求的政治势力。

列宁的革命

25万彼得堡俄军是最有权但没有灵魂的力量。它不服从临时政府，表面上服从苏维埃，已是乱兵。它只有一个愿望，不打仗。乱兵无主的时间没有长到军队产生独立政治抱负，所以没有出现军阀。要打仗的临时政府统不住这些乱兵，布尔什维克以反战赢得他们的支持。

7月3日，因抗议彼得堡机枪旅被令开赴前线，工人士兵大游行，要求推翻临时政府，一切权力归苏维埃。

“一切权力归苏维埃”，这个口号体现布尔什维克的意志，因为苏维埃自己并不愿接管政权，布尔什维克此时的革命路径是一切权力归苏维埃，而布尔什维克接管苏维埃。

次日，两万喀琅施塔得（Kronsdat）水兵武装开进彼得堡，要列宁下令夺取政权。布尔什维克在苏维埃中尚居少数，列宁认为革命时机不成熟，未下决心。水兵抓住苏维埃领导人、社会革命党领袖切尔诺夫：“你这狗日的，快点掌权，都送你手上了！”政治领导人没决心，工人士兵无计划。暴乱无果收场。

工人冲进苏维埃领导人会议室，挥枪大喊：我们绝不允许你们与资产阶级政府做交易，掌权吧！别讨论了！苏维埃主席塞他张纸，你按这张纸上说的做就好了。纸上要求所有人回家，不然是反革命。工人被忽悠走了。革命有力量，无表达，要寻找自己的领袖。

右派称7月暴乱是布尔什维克主使，传播列宁是德国间谍的谣言，出自中校亚莫连科（Yermolenko），自称被德国人俘虏时得知。作者不信此说：德国人是资助布尔什维克，但量不大，而且布尔什维克自行其是，根本不听德国人的。7月5日，临时政府指控布尔什维克通敌暴乱，通缉列宁及另外11人。

布尔什维克失势。临时政府重组，原临时政府与苏维埃达成的执政条件废止，克伦斯基当政，大幅右转。苏维埃被逐出塔夫利宫，迁至市郊。

7月暴乱宣告后革命时期各派别成型：布尔什维克是极左，苏维埃其他党派如社会革命党、孟什维克是左，克伦斯基是中，宪政民主党是中右。7月暴乱后极右将领科尔尼洛夫（Kornilov）接替勃鲁西洛夫（Brusilov）任总司令，向克伦斯基摊牌，要取消士兵委员会，在全国军管。此举被苏维埃和临时政府联手粉碎，但政治两极分化加剧，中间派已无立足之地。

左中右都意识到必须结束无政府状态，而办法是专政。克伦斯基问原总司令勃鲁西洛夫是否支持他当独裁者，将军拒绝。问将军本人是否愿意当独裁者，将军拒绝。

极右将领科尔尼洛夫的反革命逆流，推动苏维埃权力向极左转向。标志性事件发生在8月31日，布尔什维克第一次在彼得堡苏维埃占据多数。无产阶级革命的条件全部成熟。只有一个问题，一切权力归苏维埃，通过苏维埃来执政，这个路线还要不要？现在，列宁不要了。

苏维埃9月间召开民主大会，讨论接管政权还是与临时政府合作，达不成决定。各社会主义政党通过苏维埃联合执政建立社会民主政权的最后机会丧失。

10月10日，布尔什维克中央决定起义。21名委员仅12名出席，加米涅夫和季诺维也夫投反对票。加米涅夫主张通过苏维埃执政，是另一条路线的领袖。他反对布尔什维克自行武装起义，为此辞去中央委员职务，并登报谴责。列宁登报斥其为叛徒。人人都知道布尔什维克要动手，但都无所作为或无力作为。

克伦斯基错判形势，宣布调动彼得堡军队到前线，想激起布尔什维克暴乱，以便一网成擒，就像对付科尔尼洛夫那样。布尔什维克成立革命军事委员会，让一名左翼社会革命党人做主席，以便工人士兵以其为苏维埃的军事机构。10月23日，布尔什维克已经控制了彼得堡所有军营、交通和通信。10月25日起义，毫无悬念。苏维埃第二次全国大会当天晚上召开，阿芙乐尔号巡洋舰（Aurora）向冬宫开炮已过去一小时。当天早上，克伦斯基说要去前线找军队，在街上征用了一辆美国使馆的车，一去不返。

孟什维克左翼领袖马托夫主张成立苏维埃各党派参加的新政府，全票通过。但孟什维克和社会革命党的右翼坚决反对布尔什维克政变，以退出大会抗议。托洛茨基抓住机会，说退会者反对苏维埃，是反革命，只配扫进历史垃圾堆。马托夫大怒，也退场。布尔什维克彻底控制了苏维埃，十月革命获得了苏维埃的背书。

革命者在冬宫发现了有史以来最大的酒窖，就此成为纪律噩梦。派人民委员看着，人民委员自己每天喝醉；派士兵把守，士兵盗卖；把酒倒街上，人们在路沟里喝；运到斯莫尔尼宫，运到瑞典；什么办法都使过，什么办法都没用。要等新年到来，酒喝光，革命才从一场大醉中醒来。

停战，分地，清洗

10月27日，十月革命的第三天，革命军事委员会禁止反对派报纸出版。

社会革命党右翼和孟什维克认为布尔什维克政权撑不过一个月。布尔什维克当时所恃不过彼得堡乱兵。但布尔什维克随即把反对者的椅子全部抽掉：宣布没收地主土地归公，工厂归公，立即议和。全国出现抢地、没收富人资产的狂潮，工人、士兵自然为革命前驱。

12月，革命军事委员会取消，契卡代之。契卡内部训令：审讯时不用问别的，问名字，问受过什么教育，问有没有财产，就知道是否专政对象。还有更浅显的：如果双手白嫩，就是专政对象。司法人民委员是左翼社会革命党人，对列宁说，叫什么司法部？不如叫消灭部！列宁两眼放光，说得好！

新政权成立人民法庭，后来更仿雅各宾派成立革命审判庭，以工人、士兵为审判者，不通法律没关系，凭革命良心（revolutionary conscience）足以断案。

1918年1月19日，社会福利人民委员科伦泰强行接管东正教圣地亚历山大·涅夫斯基（Alexander Nevsky）教堂做荣军院，枪杀神职人员。列宁次日发布公告，没收一切教产。列宁以旧体制每一根支柱为敌，与旧体制愈决裂，来自旧体制底层的支持愈牢固。

人民热爱红色恐怖。一位新生女婴被父母命名为“恐女”（Terrora）。

尽管有契卡专政工具为后盾，极少数人之所以能够发动绝大多数人打倒少数人，是因为顺应了底层要掀翻一切在它之上阶层的恐怖力量。是俄罗斯300年君主专制而不是列宁制造了这种力量，列宁只是放它出笼。

1917年11月，原订制宪的最高权力机构国民大会终于选举，太晚了。布尔什维克获24%选票，但社会革命党获38%。列宁认为，如果国民大会不能体现布尔什维克意志，那么人民不需要它。1月大会召开，列宁要求土地、银行归公的决议被否，国民大会即被解散。两天后苏维埃原样通过，它是未来苏俄第一部宪法。

布尔什维克对参战各国发出停战邀请。他们原相信帝国主义战争会被各国工人阶级起义所代替，俄国只是第一个。没有实现。对德布列斯特—立陶夫斯克（Brest-Litovsk）条约谈判，列宁要求接受德国条件。布哈林反对，要打革命战争；托洛茨基是不战不和，即宣布不打仗，但不接受德国的和平条件。

对德和约三派中，布哈林占多数，托洛茨基其次，列宁最少数，只得与托结盟。托洛茨基对德摊牌。德国人惊呆：从来没有一方退出战争却不接受战胜者条件的事情。德军进攻，三天之内推进150英里，相当于过去三年的总和。布尔什维克胆寒，列宁亲自向柏林发电报，接受一切条件。

为免在布列斯特—立陶夫斯克耻辱和约上签字，托洛茨基辞去外交人民委员，让一位沙皇时代的外交官接任签字。俄罗斯失去了乌克兰、波兰、芬兰和波罗的海沿岸，失去了 1/3的人口和耕地、54% 的工业和89% 的煤。直到1939年与纳粹德国瓜分波兰，才大体恢复原状。再往后，1991年，在经历繁盛与崩溃后，俄罗斯的欧洲边界才又回归布列斯特—立陶夫斯克条约状况。未来还变不变?

帝国主义国家无产阶级大起义久等没来，世界革命论息鼓，列宁创造社会主义在一国首先胜利论。革命理想主义还在，但现实主义更迫切。列宁主义建国开始。第一步是首都迁至莫斯科。

内战来了。

内战建国

白军主要有三支。第一支是南部顿河流域由科尔尼洛夫和邓尼金率领的右翼军队，与右翼哥萨克合作；第二支在伏尔加河流域及西伯利亚东部，国民大会中间派议员与适在境内未归国的捷克军队合作，败后与高尔察克的第三支军队合流。白军在1919年夏季向莫斯科大进军，但到1920年春便告失败。

白军失败并不是因为布尔什维克强大，而是因为只想回到革命前，提不出政治纲领，重大政治问题如土地和战争，都要等战争结束后再决定，但输就输在先军事后政治，布尔什维克赢在有革命政治纲领：土地给农民。俄罗斯腹地战区农民的向背决定了战争结果。

1918年夏，与布尔什维克同路半年之后，左派社会革命党人起义。此前左派社会革命党退出政府，但未退出契卡，在20人委员会中占7席，完全掌握契卡武装。莫斯科城中无兵，他们可以拿下克里姆林宫，却前往苏维埃发表演说，被卫兵一网打尽。革命不是请客吃饭，也不是辩论。

同期，沙皇在流放地叶卡捷琳堡被杀。此前列宁准备将其带到莫斯科公审但改变了主意。白军攻城，当地布尔什维克在地下室枪杀沙皇一家11人，跟传说不同，除了宠物犬没有生还者。虽然军中多有君主制拥护者，白军领袖并不想用沙皇做旗号，但列宁不知道。

布尔什维克以内战为建国奠基。红军最多时达到500万人。农民和工人在内战中扫盲、赤化、经受考验、牺牲，成为共产主义铁血新人、新政权的基石。一切为了战争的中央集权体制，也启动了从太上到最下彻底重组俄罗斯社会的进程。沙皇时代，俄罗斯农村帝力于我何有，但被布尔什维克以铁腕导入专政体系。以红军命令体制投射社会，创建现代专政体制，农民国家脱胎换骨，始于托洛茨基，最终由其死敌斯大林完成。

沙俄名将勃鲁西洛夫心向君主制，但拒绝加入白军，不管好坏，俄罗斯人民已经选择了红色，他只能顺不能逆。勃鲁西洛夫一度被新政权软禁，独子为求父亲自由加入红军，在顿河流域被邓尼金军队所俘。邓尼金曾为勃鲁西洛夫部将，不满其温和派立场，将其子处死。1920年5月，新独立的波兰攻下基辅，勃鲁西洛夫加入红军，此后，在爱国的旗帜下，数万名原沙俄军官加入红军，帮助摧毁他们原来所属的那个阶层。“原来爱国主义这么管用！”托洛茨基说。

托洛茨基告诉勃鲁西洛夫，以其名义呼吁白军军官停止抵抗，保证人身安全，并组建一支军队，对波兰作战。后来告知计划取消。事实是，红军飞机对克里米亚半岛上的白军残军散发传单，以勃鲁西洛夫名义许诺大赦。数百名军官选择留下而不是撤退，日后全部被枪毙。勃鲁西洛夫不应感到意外。他在加入红军时提条件，释放契卡在押军官。托洛茨基说，捷尔任斯基连我都可以抓！

“如果不是信仰禁止，自杀该多么幸福。”9个月后，勃鲁西洛夫病死。

托洛茨基是红军创造者、内战获胜的首功。但布尔什维克从红军创建就分裂：托洛茨基大量招募沙俄军官加入红军——工人和农民出身的士兵搞大民主，战前投票决定战术，不可能打赢。许多新兴红军将领反对，包括日后的红军元帅伏罗希洛夫，并得到了斯大林支持，被称为军事反对派。两派之争在列宁调和下暂时妥协：旧军官要利用，也要政委来监控其忠诚。这奠定了日后所有红色军队的雏形，也是托洛茨基和斯大林不死不休斗争的第一章，20世纪30年代斯大林对红军的大清洗，也在此埋下伏笔。

中央集权加计划经济，迅速造就庞大官僚体系。几千人负责管理油料分配，但根本没有油料可供分配。全俄90%的纸张消费都在政府。1921年，官僚达到240万人，是革命前四倍之多，是政权所代表的工人阶级人数的两倍。这不是无产阶级专政，而是红色官僚专政。

第二代

对于工人和农民来说，战时共产主义撕毁了大革命的契约。它直接产生于粮食管制。布尔什维克政权宣布农民余粮都归国家所有，取缔粮食市场，组织粮食队下乡强行收粮。在城市，工厂收归国有，控制权从工人手中收到红色官僚手中。这既是因为布尔什维克眼中革命需要使然，也完全符合其中央集权的气质。

虽然在红色剥夺与白色剥夺间倾向前者，但当红色征粮队征收额超出收成时，1920年夏秋，俄罗斯腹地农民造反。左派社会革命党人成为造反领袖。他们想回到1917—1918年间的农民有地而自治状态："要苏维埃，不要布尔什维克！"列宁说这是新政权最大威胁。

到1921年夏，俄罗斯农村的布尔什维克力量已被农民造反一扫而光。1921年2月，莫斯科工人举行反布尔什维克大罢工。列宁问工人是不是宁愿要白军统治，他以为这样能吓住工人。工人说，黑的，白的，鬼也行，就是不要你！

1917年向冬宫开炮的阿芙乐尔号，这次加入抗议队伍。最大挑战来自喀琅施塔得水兵。他们曾是布尔什维克最可信赖的武力，在十月革命和解散国民大会时发挥了关键作用。现在他们决定反抗："从沙皇那里争来的自由，被布尔什维克夺走了！"他们要求恢复多党制的苏维埃。被镇压。

镇压喀琅施塔得水兵同时，布尔什维克召开大会，通过决议禁止党内派别，此举原为打击科伦泰的工人反对派，但影响深远。为此成立中央书记处，以斯大林为总书记，这是斯大林崛起的关键一步。在党对国家的绝对领导确立后，确立了中央对全党自上而下的绝对控制。

通过新经济政策，列宁向农民和工人做出妥协，结束了战时共产主义政策。这使后人无休止地讨论：战时共产主义政策与新经济政策，哪一个是列宁的本意？哪一个是权宜之计？

1921年，俄罗斯大饥荒。高尔基向列宁申请成立民间救援总会，由此获得胡佛的美国救援总署（ARA）资助。这是苏俄第一个也是最后一个 NGO。最高峰时，ARA 每天给1000万人散粮。ARA 一来，列宁就解散民间救援总会，除高尔基的所有人被指控为外国间谍。1921年冬，列宁最喜欢的作家，俄国革命的良心高尔基，离开苏俄。

1921年，列宁战胜了党内反对派、工人、农民和士兵叛乱，但身体战胜了他。健康状况陷于崩溃。颈部和胳膊有两粒子弹未取出。次年中风，左侧身体瘫痪。他一度想自杀，照顾他的妹妹不忍，找到斯大林，因为他心硬如铁。斯大林拒绝，政治局否决。列宁求死不得。谁来接班？

托洛茨基是最能干的中央委员，列宁说。他接不了班。孟什维克出身、贵族作派、独断性格，使他在党内树敌太多。列宁年代党内的两个反对派：军事反对派和工人反对派，都是托洛斯基的反对派。

所有人都低估了斯大林，温和中庸勤奋忠诚。他们还没懂得权力的性格与个人的性格是两回事。斯大林掌握组织部和书记处，党羽遍布党务系统。没有巨人列宁的年代，选票最重要。加米涅夫和季诺维也夫与他组成三驾马车，以对抗托洛茨基。加米涅夫想接班，以为托洛茨基是最大竞争对手；季诺维也夫与托洛茨基有仇。他们以为可以利用斯大林，不知道螳螂捕蝉黄雀在后，一场审判在10年后等待着他们。

列宁末年想去掉斯大林，但无力回天。他留下了三个遗嘱：民族问题、党内民主、接班人，都直接针对斯大林，明确地说斯大林太过刚愎自用，要由更宽容的同志担任领袖。列宁的医生和秘书已被斯大林控制。遗嘱在送到中央委员会之前斯大林已知道内容。斯大林没有阻止遗嘱在十二大上宣读，但把大会召开时间推迟了一个月。大会召开时斯大林派已占据多数，毫发无伤，反而巩固了实力。托洛茨基数月后挑战三驾马车，被逐出政治局，政治生命结束，1927年再度流亡海外。

列宁在轮椅上挣扎了一年多，“怎么他妈的还不死！”斯大林说。1924年初，列宁去世，遗愿是骨灰撒在土里。斯大林不干。尸体保存起来供人参观，大脑放到实验室供人研究。死列宁比活列宁对斯大林更有用。

斯大林的时代开始了。以100万布尔什维克、300 万官僚、500万红军为工具，一场空前的社会实验降临在俄罗斯。

美国总统梦

不知道*Team of Rivals*中译本是《仁者无敌：林肯的政治天才》，作者多丽丝·卡恩斯·古德温（Doris Kearns Goodwin）是知名历史学家。本书出版于2005年。在2007至2008年的美国历史性大选中，竞争各方特别是民主党竞争者奥巴马和希拉里·克林顿都谈到过这本书。

《仁者无敌》从林肯获得1860年共和党总统候选人提名讲起。三名竞争者都比林肯更有声望，政治地位更高。其中的两人在废奴运动中发挥了至关重要的作用，担任过《汤姆叔叔的小屋》主人公原型的辩护律师，帮助塑造了运动的理念、法律和政治框架，并整合一系列小党创立共和党。相形之下，林肯只是伊利诺伊州当地一位略有成就的律师，两次竞选国会参议员失败，只有过一次国会众议员任期。

凭借政治智慧、务实、拉选票技巧，林肯战胜了他们全部，爆冷获得了共和党总统候选人提名，打开了最终进入白宫之门。

这只是故事的一半。

故事的另一半：林肯当选总统后，邀这些竞争者入阁。他们分别获得了战争部部长、司法部部长等关键职位。许多人相信林肯在新政府中将成为空头总统，因为部长们的政治声望比他高，而理念与他不尽一致。但乡下人林肯让所有人都大吃一惊。在1865年林肯遇刺之前，他已经赢得了所有人的尊重，如果不全是爱戴的话。

1865年4月14日林肯遇刺之夜，战争部长斯丹顿陪伴其直至死亡。斯丹顿早年以天才律师著称，曾代理美国第一起重要的商标权诉讼。在那起诉讼中，斯丹顿告诉雇主，“为什么要那个手长长的大猩猩参加？”他羞辱的那个大猩猩就是林肯。林肯因此没能进入律师团。但多年以后，斯丹顿成为林肯最热烈的支持者。

林肯了不起，那个支撑他能够延揽政敌入阁的体系同样了不起。总统的权力来自宪法，来自四年一度的大选，所有阁员的权力都是美国人民赋予林肯的行政权力的延伸。在不具类似政治体系的国度，不大可能产生有这般自信的领袖。

在美国，149年后，同样的事情重演。奥巴马邀希拉里·克林顿入阁，担任国务卿。没有谁怀疑这届政府的老板是谁。

在读《仁者无敌》之前，我还读过霍华德·津恩的名著《美国人民史》（*A People's History Of The United States*）。霍华德·津恩才气纵横，学识渊博。《美国人民史》选择完全从被侮辱者和被迫害者的角度，解读美国政治体系200年来的虚伪、贪婪，及其如何始终被权贵玩弄于表里。我相信津恩所用材料均有出处，我相信现实并不完全光明，但我猜剪裁者的视角比现实要阴暗。这本书说，美国梦过去和现在都是骗你的，将来也还是。中国的阴谋论作者可以休息了。抄人家就好了。

读《仁者无敌》，是读《美国人民史》后的解毒剂。

林肯没有受过正式教育，23岁时才从乡下来到城里。他身无分文，向店主赊床和被子。店主识才邀他同住。仅仅6个月后，林肯就竞选伊利诺伊州议员，败选。两年后当选。如果这不算美国梦，我不知道什么算。

2005年春夏之交，我去参观过伊利诺伊州议会，可惜当时不知道林肯在这里开始政治生涯，也不知道再过不到两年，2007年初，奥巴马是在这里宣布参选，开始前往白宫的道路。

2008年1月初希拉里在爱荷华初选失利，克林顿打电话给泰德·肯尼迪。克林顿和肯尼迪是美国民主党最为显赫的政治家族。克林顿认为两者有惺惺相惜之处，争取泰德背书支持希拉里。他说，几年前，奥巴马这小子只配给咱们俩端咖啡。肯尼迪怒极，决定支持奥巴马。这段故事来自《权力的游戏》(*Game Change*)，关于这场大选始末的最详尽的观察。

美国梦还健在。

在华盛顿，我去过林肯遇刺的福特剧院，然后去了一街之隔的彼得森屋。林肯遇刺后抬到这里接受紧急但徒然的治疗。屋子狭小逼仄，林肯所躺的床距我不过两米。床不够长，林肯个子很高，无法伸展，他蜷曲着死去。隔壁有间小屋，他的部长们当晚就是在这里等待音讯。

读万卷书，行万里路。书和回忆都仿佛能活过来。近10年前的事情，在读《仁者无敌》时，历历在目。关于林肯的书和研究汗牛充栋，但《敌友共治》仍然极富原创性，历史学家的功力，如这段：

1863 年 1 月 1 日，林肯正式签署总统令废奴。当天他握了太多人的手，以至于签字时拿起笔又放下。“我的名字将随这份文件永载史册，如果我手抖的话，后人会说，他当时犹豫了。”林肯歇了歇，手休息够了，签字。

恐二代、以色列头号线人、绿王子

摩萨·哈珊·约瑟夫（Mosab Hassan Yousef）是哈马斯七位创始人之一谢赫·哈珊·约瑟夫（Sheikh Hassan Yousef）的儿子。他18岁高中毕业前后被以色列抓捕，成为以色列安插在哈马斯的头号线人，代号“绿王子”。这本书是他的自传。他今年32岁。

摩萨·哈珊·约瑟夫的爷爷是朱迪亚（Judea）一小村庄的伊玛目（imam）。他的父亲被送到耶路撒冷学习伊斯兰教法（Sharia），这是穆斯林的生活指引、精神家园和最高律法。

约瑟夫的父亲后来去约旦深造伊斯兰教义，在那里结识了穆斯林兄弟会约旦分部的创始人之一萨勒姆（Salem）。穆斯林兄弟会1928年由班纳（Al-Banna）创建，主张回到教义本原，按伊斯兰教法生活。它是现代伊斯兰运动的始祖。

跟叙利亚和埃及穆斯林兄弟会不同，约旦河西岸的穆斯林兄弟会直到1986年才决心武装斗争，七名成员在伯利恒开会，约瑟夫之父也在其中，决定从扔石块和烧轮胎开始。哈马斯诞生了。

1987年，在贾巴里亚（Jabalia），一名17岁少年在投掷莫洛托夫鸡尾酒燃烧瓶时被击中头部身亡。约旦河西岸和加沙地带的第一次起义（Intifada）开始。

约瑟夫的父亲慈爱顾家，睡前在厨房水槽洗袜子，不想让老婆辛苦，在阿拉伯人中为罕见。约瑟夫说他父亲与折磨他的以色列狱卒都能成为朋友，但如有可能用核弹摧毁以色列也不会有丝毫犹豫。约瑟夫在书中问父亲：伊斯兰阶梯最下一层是祈祷，中间是慈善，最上是圣战。当父亲攀上最上一层时，他知不知道这是什么决定？

父亲被捕后，家中没有经济来源，母亲向朋友求助被拒，做小吃让约瑟夫在街上叫卖，被叔叔发现，叔叔不允许他们这么做，但也拒绝资助他们。

德高望重的伊斯兰学者可以发布教令（Fatwas）。如果世俗政权不存在或无公信力，这就是穆斯林惟一遵守的律令。它是穆斯林社会草根自组织生命力的由来。它的问题是伊斯兰没有中央权威，不同的宗教学者就同一件事做出不同裁决。

约瑟夫说，哈马斯不是正常组织，是一个理念。支持这个理念，你就是哈马斯。斩了首，自己再长出来。哈马斯的悲剧是宗教化巴勒斯坦问题，没有妥协空间。

1992年，以色列将415名哈马斯、穆斯林兄弟会囚犯驱逐到黎巴嫩。约瑟夫父亲也在其中。此举不仅增加了这些囚犯的国际声望，还给他们创造了与黎巴嫩真主党游击队充分接触的机会。

1993年，以色列与巴解达成奥斯陆协议，巴勒斯坦和平在望。以色列从占领地撤军，巴解承认以色列国家。约瑟夫父亲反对协议，他既不信任以色列，也不信任巴解。其他哈马斯领导人则拒绝接受和平共处，继续袭击。

因为买枪，约瑟夫在高中毕业之前被以色列逮捕，在狱中被折磨，以色列安全部官员诱他当卧底。他假意答应，想当双面间谍，先免受痛苦，出去再反水。但这一切都被以色列人算中。

以色列监狱囚犯按所属哈马斯、法塔赫、人民阵线、左翼阵线分组。哈马斯在狱中有反特组织，审查同伴是否为以色列工作，残酷不亚于以色列人。约瑟夫向其负责人透露了双面间谍计划，因为他是创始人之子未受折磨，但从此不受信任。

约瑟夫出狱后，以色列安全部培训他当卧底，过程温和亲切，约瑟夫动摇了。以色列人甚至放他父亲出来，以便约瑟夫就近监视这位哈马斯领导人。

为什么约瑟夫是叛徒？因为他出狱后继续为以色列人工作的事，没有告诉父亲。你见过自称两面间谍，但只有一边有上线的吗？

从监狱出来后，约瑟夫明白父亲为什么从来不提里面的事情，因为那只会使亲人难过。

2000年，沙龙参观圣殿山，没进清真寺，没说一句话。但阿拉法特决定利用这个借口发动第二次起义，半夜找约瑟夫父亲，让哈马斯来干。

第二次起义之前，以色列巴拉克政府谈判条件是给90%的约旦河西岸、全部加沙地带和半个耶路撒冷。阿拉法特的条件是回到1967年战争以前。第二次起义之后，阿拉法特丧失对局势控制力，哈马斯崛起。

第二次起义中哈马斯与阿拉法特的每日会晤，并不谈论袭击的时间地点，但会定袭击的方向，以及抗议集会的细节。由于约瑟夫，以色列完全掌握这些信息。

约瑟夫第一个大情报，是发现第二次起义后出现的阿克萨烈士旅，就是阿拉法特的亲卫队。

第二次起义中，约瑟夫常常陪同父亲出席与阿拉法特的会商。他很不喜欢阿拉法特，一次被阿拉法特吻脸后，他不自觉地擦了脸。父亲和阿拉法特极难堪。

之后，约瑟夫全心全意为以色列安全部门工作，代号“绿王子”。绿色为哈马斯旗帜颜色，王子指其为创始人之子。此时约瑟夫开始读圣经。

自杀炸弹袭击高潮之际，以色列开始斩首行动，清除哈马斯领导人。当约瑟夫发现以色列不仅干掉哈马斯军事领导人，也在干掉政治领导人时，他担心父亲的安全。惟一令他安慰的是，由于他为以色列人工作，以色列人还需要他的父亲活着。

约瑟夫出卖了七名哈马斯创始人中的两名。其中一名藏身地暴露是因为建议约瑟夫父亲与他藏一起，另外一名则是由约瑟夫打电话给其卫士，以色列人手机定位。

五名自杀袭击者来找约瑟夫父亲，他们从外地来，上线被捕，有一车炸药，但没有目标，也没有栖身地。约瑟夫把他们安置好，然后通知以色列，但坚决不同意以色列人轰炸。五人被捕，其中一人吐露约瑟夫名字。卧底生涯不长了。

约瑟夫对以色列有多大价值？当以色列人拿出一份新出现的阿克萨起义组织领导人名单时，约瑟夫告诉他们，是他和父亲从监狱里把这五人接出来，并安置在某个安全屋的。这五个人是发动自杀袭击的两股主要力量之一。

由于无法阻止自杀炸弹袭击，2002年春，以色列重新占领约旦河西岸，对抵抗组织做逐屋地毯式搜查。由于约瑟夫与以色列人的密约，其父亲藏身之所未被搜查。

以色列人让阿拉法特官邸中所 有人脱光衣服投降，但他们无法区分工作人员和被通缉者。他们找来阿拉法特卫队长指认，卫队长把被通缉者指为工作人员，结果全部释放。以色列人拿着被指为通缉者的工作人员没办法，也只能释放。

约瑟夫把父亲藏到一个只有他和以色列安全部门才知道的地方。由于控制了父亲与外界的全部联系，他成了哈马斯实际上的领导人之一，并成为哈马斯与其他巴勒斯坦抵抗组织的联络人。

尽管约瑟夫认为哈马斯无法斩首，他帮助以色列人找到了哈马斯军事系统的真正负责人。这些人30多岁，多年前淡出前沿隐身地下，控制外部资金，直接指挥自杀袭击。他找出了4个人。这些人连他父亲都不知道。

2002年9月底，约瑟夫决定结束卧底生涯。他建议以色列人逮捕自己，然后把父亲安全屋的地点告诉了母亲，母亲一到，以色列军队就破门而入，逮捕了父亲。无人知道是儿子出卖了父亲。他的理由是父亲如此可免于一死。

2007年，父亲还在狱中，约瑟夫抛下母亲和弟妹，只身赴美。2008年，他公开宣布信奉基督教。父亲在狱中听说，悲不可抑。狱友安慰："别难过，我们都是你的儿子。"以色列狱卒亦为之流泪。

数周之后，约瑟夫致电狱中父亲。父亲说，不论信仰什么，你总是我儿子。约瑟夫告诉他已为以色列工作10年。父亲沉默。本书结尾约瑟夫说，爱你的敌人，使你自由。真相使你自由。真相和宽恕是中东惟一出路。

约瑟夫是无耻叛徒还是良心囚徒？《哈马斯之子》一书充满悲伤。与以色列人接头，是惟一让约瑟夫感到温暖的时候。安全屋外的约旦河西岸，更残酷。

冷战鹰鸽逸闻录

1940年，希特勒发动西线攻势之前，德国军事世家传人郝尔穆特·毛奇问计于美驻德使馆官员乔治·凯南，如何在希特勒失败之后重建德国。1945年1月，毛奇被纳粹处决，从狱中传出关于重建德国的大量书信，还有一幅判决其死刑的庭审素描。

25岁时，保罗·尼采在未来岳母的家里，与英格兰银行行长就大萧条的起因做激烈辩论。未来岳母绝望地问女儿，你到底看上他哪点？巫婆看过保罗·尼采（Paul Nitze）的手相，失语，最后说，这个人完全没有精神这一面，全是行动力。

美国冷战的两位主要策略师，乔治·凯南和保罗·尼采，就是这样在《鹰与鸽：保罗·尼采、乔治·凯南和冷战史》（*The Hawk and the Dove: Paul Nitze, George Kennan, and the History of the Cold War*）中出场。再过6年，凯南将从莫斯科发回那封著名的长电报，惊人准确地判断了苏联政治的性质，建言一场持久的艰难对抗，并预言了这场对抗终结的方式。尼采则成为杜鲁门的战略轰炸评估小组负责人，主持美军核爆广岛效果的研判，最终定格于美国冷战时代军事系统的首席鹰派战略家。

《鹰与鸽》这本书讲他们的故事。下面是微博体笔记。

乔治·凯南一生衣冠楚楚，一丝不苟，不动声色，他以为这样能掩饰内心的纷乱。哪怕病好了也要在医院里多待几天，因为他喜欢被护士照顾——多么宅男。很多年后，他塑造了美国的冷战策略。凯南有一个英国朋友，叫金·菲尔比（Kim Philby）——冷战时期有很多这样的吊诡。

乔治·凯南

国务卿艾奇逊对凯南说：了解你的人知道你不会乱来，而其他人都不重要。

马歇尔任国务卿时，任命凯南为政策研究室负责人。凯南问他有什么要求，回答只有两个字：avoid trivia（别理琐事）。还在马歇尔是一名低级军官的时候，美军方做一次例行的考核，其中一条是问其上级指挥官："无论战时或是和平时期，你是否愿意他在你麾下？"上级答道："当然，不过我更愿意在他麾下。"

原子弹在广岛、长崎投下后，曼哈顿计划掌门人奥本海默见杜鲁门，说自己手上沾血。杜鲁门马上结束了会面，转头对助手怒道：他手上有血？他手上的血有我手上的一半多吗？其实奥本海默也有一颗骚动暗黑的心：剑桥求学时在导师桌上的苹果里下毒。成年后想过自杀。

包括杜鲁门政府的国防部长福雷斯特尔（Forrestal）在内，不止一位冷战初期美国对苏鹰派的职业生涯以精神分裂告终，核战争阴影的压力太大了，毁灭对方就是毁灭自己。尼采则不然，他有过人的坚强神经。他领头的小组实地评测了广岛核爆的效果，结论是，原子弹非常可怕，但也只是炸弹中的一种而已。结束战争的不是原子弹。他认为美国是可以赢得一场核战争的，因为只要一丝理性尚存，核战争会在世界毁灭前结束，劣势一方会向优势一方投降，所以要不惜一切代价建立核优势。这是一种理性，也是一种疯狂。

基辛格当时还是年轻人，一开始认为尼采的有限核战争理论不可能，一旦扔了核武器，谁还会保存克制呢？但他后来成为有限核战争理论的主要支持者。

朝鲜战争的时候，苏联飞行员着志愿军服在朝鲜参战的事被美军发现了，但尼采决定把所有证据压下来。“除非你准备采取行动，否则不要指责别人做了什么坏事。”麦克阿瑟主张将朝鲜战争扩大化，杜鲁门决定将其撤职，撤职令是尼采起草的。

东德建柏林墙之初，肯尼迪政府认真讨论过对苏联有限度使用核武器。当时的国防部长麦克纳马拉认为可以象征性地在苏联北极圈岛屿上来一颗，尼采认为这样徒然引发苏联先发制人，不如先对苏联主要目标来票大的。

保罗·尼采

古巴导弹危机时，尼采提出了反应逐步升级的策略：先海上封锁，不行就空袭，再不行就入侵古巴本土。

保罗·尼采认为苏联有无威胁的实力（capacity）比是否有这意愿（intention）更重要。他1950年代初去苏联，亲眼看着乘务员给机长送去一瓶伏特加。他觉得苏联人太疯狂。

以疯狂对疯狂，尼采事实上还是高估了苏联领导人的疯狂。

1972年，苏联演习核战争，假设美已对苏发动核打击，勃列日涅夫需要摁按钮发射三枚洲际导弹还击。洲际导弹是真的，但未装核弹头。勃列日涅夫浑身发抖，问了助手三次："这是假的对吧？"演习结束后，他极力推动美苏达成核裁军。勃涅日列夫也是人。

1980年代初，苏联讨论过自动大批发射核武器机制，确保哪怕克里姆林宫人全死了，也可以把美国毁灭，但他们从未想过核武先发制人。卡斯特罗80年代初请求苏联对美国发起核打击。苏联劝他，美国毁灭了，古巴也会被辐射毁灭。卡斯特罗才不再鼓噪。

凯南认为，以尼采式的疯狂对想象中的苏联式疯狂是不必要的：美国不必击败苏联，只需要比它活得久就行。他于1946年从莫斯科发回的著名长电报已经回答了两个最重要问题：苏联是一个什么性质的政权？美国应该怎样对待它？

凯南主张，美国冷战策略应是遏制（containment）而不是回卷（roll back），要在苏联扩张的任何地方予以坚决的回击，但无须改变已经成为现状的东西，这一策略将成功寄望于苏联内爆，而不是战而胜之。这封长电报有成功政策建议的特征：时机精准；深切了解；大胆；简洁。

冷战真的就是这样结束的。多年后有一天，在问到美国对于苏联崩溃这件事上做了什么时，凯南说了个俄罗斯寓言：牛一直在劳作，苍蝇一直在牛鼻子上站着，天黑后回村，苍蝇兴奋地告诉大家：我们干了一整天！冷战也是这样，美国做了这做了那，但赢得冷战的不是这些，而是向另一个世界展现了自由世界的样子。

巴尔干

“巴尔干半岛”或者“巴尔干”，是一个晚近出现的称呼。用《巴尔干》作者马克·马佐尔（Mark Mazower）的话说，“巴尔干”原指从中欧前往伊斯坦布尔必经的一条毫不出奇的山脉，从保加利亚/塞尔维亚边境往东绵延至黑海。它毫无指代东南欧洲大地所需要的宏大与雄奇。

在19世纪之前，没有人用“巴尔干”这个词。在欧洲人的语汇中，东南欧洲恰当的称呼是“突厥欧洲”。奥斯曼土耳其在东方兴起，向西强劲扩张，1453年易君士坦丁堡为伊斯坦布尔，而后还两度兵临维也纳城下。数百年间，这里是伊斯兰教与东正教、天主教相争风云的锋线，也是希腊人、斯拉夫人与穆斯林从未成为熔炉，勉强共处的栖身所。

19世纪后半叶奥斯曼土耳其衰落，丧失对东南欧控制，“突厥欧洲”越来越名不副实，逐步淡出历史舞台。英、法、德、奥、俄逐鹿奥斯曼土耳其遗留的权力真空，本地区民族自决浪潮，宗教竞争，于是有了我们所熟知的“巴尔干火药桶”。它引爆了第一次世界大战，直到20世纪的最后十年，还有余力催动令文明欧洲为之震惊的种族悲剧。

多民族南斯拉夫共和国的崩溃及其引发的三场战争，贯穿了1990年代。这场遥远的战争引发了中国知识分子左翼与右翼的第一次大讨论与大分化，但这不是此处要讨论的话题。

1995年，我在《人民日报》国际部夜班工作。第一场克罗地亚战争早已终结；第二场战争波黑战争还有一年就要结束；第三场战争塞尔维亚科索沃战争即将开始。同事胡锡进在夜班编辑部预言，无论是塞尔维亚领导人米洛舍维奇，还是波黑塞族领导人卡拉季奇，其个人的命运都将以悲剧告终。他说，历史上，巴尔干所有民族英雄最后都被本民族出卖。不可否认，米洛舍维奇、卡拉季奇都一度是塞族人自己的英雄。胡锡进曾任《人民日报》驻贝尔格莱德记者三年，此前也曾驻莫斯科，通俄语、塞尔维亚语，现为《人民日报》下属《环球时报》总编辑。

1996年，在美国资深外交官、克林顿总统特使理查德·霍尔布鲁克（Richard Holbrooke）的斡旋下，波黑战争三方签署《代顿协议》，战争结束。卡拉季奇下台，从此失踪，直到去年在贝尔格莱德被塞尔维亚官方逮捕，引渡到海牙国际战争法庭。

1999年，科索沃战争结束。次年，米洛舍维奇在总统选举中失利，并于2001年被新总统下令逮捕，成为历史上第一个以战争罪被送上国际法庭的前国家元首。2006年3月11日，米洛舍维奇死在牢房的床上。

前南冲突造就了另一位同事吕岩松。他长我数岁，往贝尔格莱德驻站之前，在夜班例行锻炼，当时算是相熟。他与胡锡进一样，通晓当地语言，多次前往战线采访，是我接触过的几位确为战地记者的中国记者之一。

1999年5月8日晚，美军导弹炸毁中国驻贝尔格莱德使馆。吕岩松其时与数位中国记者正身处使馆，亲身经历了这梦魇时刻。有同行眼前罹难，吕岩松没有忘记新闻工作者的职责。当时我已离开《人民日报》，听其他前同事说，他立即打回电话，口述被炸前后与伤亡情况，并在次日的《环球时报》上发表了整版报道。他说，这绝不是误炸。这一判断是关键的，无论美国事后如何解释，大多数国人没有相信过误炸说。后来，吕岩松被评为全国十大杰出青年。

2008春夏之交，我见到理查德·霍尔布鲁克。这时他是美国亚洲协会主席，公认为民主党最杰出的外交智囊。他与克林顿夫妇关系极深，早早成为希拉里竞选班底中国际与外交事务的首席顾问。希拉里如果入主白宫，他是国务卿的不二人选。席间，我率尔提到某人“年纪太大”，与之谈判者必须考虑到即便达成协议也不见得为其接班人所承认。67岁的霍尔布鲁克立刻纠正我，70出头“并不老”。

造化弄人，最后入主白宫的是后起新晋奥巴马，不是霍尔布鲁克而是希拉里本人受邀接掌了国务院。霍尔布鲁克则成为关于巴基斯坦和阿富汗问题的总统特别顾问。他一早便强调阿富汗问题严重性超过伊拉克，主张从伊拉克脱身专注于打击塔利班。这似乎正在成为美国新政府的政策。

我在席间提到，种族冲突比人们想象的要近。我举霍氏本人参与终结的前南悲剧为例。我问道：事前你能想象欧洲会出现这般惨剧吗?

几个月后，盛夏时节，随着卡拉季奇被移交海牙，《纽约时报》

暴出了一桩13年前的旧案。报道说，1996年波黑停战协议达成前，霍尔布鲁克与卡拉季奇达成口头密约：卡拉季奇退出政坛，以换取免于被送交海牙审判。

霍尔布鲁克回应，绝无此事。

回到《巴尔干》，这是兰登书屋所出，现代图书馆之历代记系列（*Modern Library Chronicle*）中的一册。一套书都由知名历史学者所著，每本书讲述一个主题，不长，清晰但不简单，所谓如椽笔写小文章。《巴尔干》作者马克·马佐尔就是哥伦比亚大学历史学教授。我喜欢这个系列，它陆续有了 Kindle 版，搜吧。

主权考

主权神圣，这个概念本身并不神圣。它起源于近代欧洲，与民族国家（nation-state）兴起同步，数百年来席卷全球。但纵观世界历史，在更长的时段里，在更辽阔的土地上，占统治性的是普世帝国：普天之下，莫非王土；率土之滨，莫非王臣。帝国天下一统，统御有子民、附庸和野蛮人之分，但不认可其他竞争性的主权，只看得见有待臣服的僭位者。主权惟一，上受天命。干预附庸与化外，只有能做不能做要做不要做的问题，没有合不合法有无权利的问题。罗马帝国、阿拉伯—奥斯曼帝国、中华帝国都是这样：多民族的，也是一统的，无远弗届的。中华帝国梦要到1840年鸦片战争才醒，自清王朝覆灭放弃，易之以强国梦，仁人志士以中华民族自立于世界民族之林为己任。

民族国家与主权神圣起源于欧洲，因其从未大一统，罗马崩溃以后，久分不合。16世纪神圣罗马帝国哈布斯堡王朝雄踞中东欧、西班牙，还是罗马天主教保护者，为欧洲千年来最接近普世帝国的时刻。从那时起到一战结束，欧洲历史是哈布斯堡王室衰败、瓦解、消亡及其地缘政治后果的历史，也是与之相对民族国家的兴起、强盛，并成为欧洲最重要政治游戏的历史。

1648年，30年战争结束，《威斯特伐利亚和约》签订，哈布斯堡王室丧失对德意志诸国宗主权，民族国家在欧洲正式兴起；继哈布斯堡家族而起有意混一欧陆者，代有其人。19世纪初，拿破仑帝国席卷欧洲，壮志不成身先死。数十年后，普鲁士兴起，统一德意志诸国；20世纪初年，哈布斯堡王室在东欧势力瓦解及东欧民族独立，成为第一次世界大战导火索；20余年后，希特勒德国并吞奥地利，混一所有德语民族，称第三帝国，然后有二战。

中东、远东合久必分分久必合帝国代兴，但欧洲大一统的努力都以失败告终，始终保持分裂，不存在中央权威。民族国家，主权神圣，内政自决，国家之间处于永恒的无政府状态，催生基于力量平衡（balance of power）的国际体系，成为两次世界大战的远因。二战后欧洲启动一体化进程，是灾难后的自我反思与重新选择：以谈判而非武力寻找统一之路，这是人类历史上前所未见的伟大尝试。在民族国家的发源地，以合作共赢为基础，各国点滴让渡主权。一体化之路极为艰难，数十年后方有欧盟与欧元——了解这些历史，就知道当前欧债危机不可能摧垮欧元。欧元是欧洲几百年来最重要的政治决定，为挽救欧元，欧洲会不惜代价。

历史充满吊诡。19世纪以后，民族国家、主权神圣在普世帝国传统深厚的旧世界获得忠诚皈依。这与衰败帝国的梦醒有关，更与古老民族急需走现代化道路，摆脱被殖民命运，重建国家，富国强兵，驱除不平等地位有关。刚刚放弃帝国梦，古老帝国的子民便成为民族国家和主权神圣的最坚定捍卫者。

可惜，从博斯普鲁斯海峡往东直至太平洋的这片大陆，在西力东渐后百余年的应激反应中，稳固宪政民主政治出现是例外。

阿拉伯世界应对西力东渐，多从一战后奥斯曼土耳其瓦解讲起，英法在阿拉伯世界的势力达到顶峰。与中国一样，救亡与现代化是阿拉伯世界20世纪前半叶的主题。西方势力、君主制、纳赛尔主义、泛阿拉伯主义、共产主义、阿拉伯社会主义、伊斯兰运动等百舸争流。在中国也有相似的光谱：中学为体西学为用、变法维新、革命、三民主义、列宁主义，也有义和团。

1950年代以后，“阿拉伯人民从此也站起来了”。纳赛尔主义在埃及得政，阿拉伯社会主义在叙利亚、伊拉克上台，君主制在约旦草创。阿拉伯世界没有回归一统，分头进入民族独立和世俗现代化时期。用新式武器和新式练兵法训练出来的军人是阿拉伯世俗现代化的最主要推动力量。这一幕似曾相识，晚清的掘墓人也是新军。

播下龙种，收获跳蚤。阿拉伯世俗政权大多演变成以强人为领袖、以军队和秘密警察为支柱的专制政权。在叙利亚、战前的伊拉克、埃及、利比亚，世俗的专制政权还走向世袭的专制政权。阿拉伯世界各种主义和道路之争，百年来走在暴力加剧的螺旋里，恶与恶相互激发，最暴力者胜出。

就算是普世帝国古典时代，君权受命于天，视天下为君主私产，也承认驱逐独夫吊民伐罪的合法性。更何况主权神圣概念历经数百年演化，早已摒弃朕即国家的专制内涵，主权在民深入人心。各国有无条件走上欧洲一体化方向的大同道路，还可说是见仁见智；但主权归属人民而不是特定政权更不是特定统治者，没有任何疑问。主权神圣，但不能为暴政劫持。孟子说，闻诛一夫，未闻弑君。

民族国家在自愿的基础上，通过协商谈判的方式，有条件地向国际组织让渡主权范围内的权力，是二战结束以来的世界主流。中国早已积极加入这一潮流：中国是联合国的创始成员国，也是联合国安理会常任理事国。中国加入 WTO，与其他成员一起，同意将双边贸易纠纷付诸这一多边机制并服从其裁决。最悲观的现实主义政治学认为国家间的无政府状态将永续，自由主义政治学则乐观地认为共有的价值观、规则、机构已经存在并将继续扩展。

我愿意站在乐观一边。

读书六问

斯蒂芬·金：写作的25条要诀

英文电子书阅读法

新闻三论

你懂不懂新闻客观

读书六问

读书了不起吗?

读书只是一个分配时间的决策，只存在适合不适合的问题，不存在读书比不读书更高贵的问题。有人从来不读书，但对人对事的判断有穿透力。不学而知，岂不是更高明？我则适合读书：喜欢，有比较优势。认识自己，理解社会，读书对于我是捷径，我走捷径而已。

读什么书?

这个问题既无答案又有答案。一方面，读书是为了解决自己的问题，所以不可能有普适答案。另一方面，近代以来的中文著作，难以与西文著作相比。中国如果能像现在这样再走20年，世界一流的学问和学问家会在中国大量出现，但那时我就老了。现在读什么书，是有答案的：要读西文书，首先是英文书。如果想读书，首先就要达到能英文阅读。

为什么读书？

小时候，读书是为读而读；大学时代，读书是为了做学问，也是为了打发时间；工作以后，才是真正为兴趣读书：为认识自己，为理解社会，为解决问题，而读有用之书——终生学习，学以致用。这个用是什么，是最私人的问题。

为什么互联网时代还要读书？

时代不同了。有互联网 +google+wikipedia，极而言之，可以不读书，等问题产生再按图索骥。这样做的前提，是能自由地产生问题意识，要有超强的学习能力。这种人少见。大多数人还是需要读书，在阅读中激发问题意识，与现实观照。读万卷书，行万里路，是普通人的出路。

读书需要什么？

我读的各种书，读到后来，都摸到同一个天花板。数学非常不行，结果非常痛苦。忠告各位读书人，如果还在大学，其他课看情况，一门英语，一门高等数学，要拿优。

读书跟做人有什么关系？

在读书中我们与历史血脉相连。试以儒家而论。天行健君子以自强不息；大学之道在明明德在亲民在止于至善；格物致知诚意正心修身齐家治国平天下。这是儒家的一条主线。天命在我，则是儒家的另一条主线。前者刚健后者骄妄；前者君子儒，后者小人儒。两者之分，惟危惟微。为君子儒，勿为小人儒。

斯蒂芬·金：写作的25条要诀

斯蒂芬·金（Stephen King）是美国畅销小说大家。大到什么地步？可能你看过的美国卖座惊竦大片，有一小半是根据他的小说改编的。《写作这回事》（*On Writing*）一半是他的自传，一半是他关于如何写小说的建议。

本书写作开始于1999年。当时斯蒂芬·金车祸重伤，但四周内就恢复写作。这对他有疗伤之功。书于2001年出版，经历生死之变写下的东西，很真实，很有力，也很有生命力。他的写作建议有些来自英文写作经典教程《风格的要素》（*The Elements of Style*），但也有独得之秘。我边读边记，最后汇总，略做点评。

斯蒂芬·金谈的是如何写小说，小说与文章相通但有区别，要注意。

小说开始于作者的想象，完成于读者的想象。简短地说，斯蒂芬·金认为小说是作者与读者之间基于想象的心灵感应。小说至少得写两稿。第一稿是作者的白日梦，由情境（situation）而不是情节（plot）推动。设定好情境，人物会自行展开性格，自行展开情节。

作者不是操纵者，而是记录员。第一稿完成后，作者在其中寻找自然呈现的模式如象征或主题，发现，打磨，突出。故事是化石，把它挖掘出来。

每个有志于文的读者都请仔细一读。

01. 作者与读者之间是心灵感应的关系。

02. 不管你是为了绝望、伤感还是痛苦才写作，面对白纸，你的情绪要强烈。不强烈的话，还是干点儿别的事吧。

03. 不要想着“改进”你的词汇。用浮现的第一个词，只要它准确、有色彩。

04. 如果使用一个动词加副词才能描述某个动作，去掉副词，换个动词。通往地狱之路是由副词铺就的。

05. 拙文往往是恐惧的产物：恐惧读者不理解你的用意。

06. 不要想着一个句子怎么开始怎么结束，让它自己完成。所以，写完一定要改。不要迷信一挥而就，它只是个传说。

07. 不要滥用超短句组合，但使用得当则力感和情感十足。写作就是引诱，而对话是引诱的一部分。

08. 段落比句子更有资格当文章的基本元素。连贯性在这里起步，字词在这里获得意义。你创造的弗兰肯斯坦在这里开始呼吸，要活过来了，就要咆哮了。

09. 你没法把一个坏作者变成还行的作者，也没法把一个好作者变成伟大的作者，但还行的作者努力之下还是能成为好作者的。

10. 想当作者的话，多读，多写。没有时间读书的人，一定也没有时间写作，不如算了吧。

11. 斯蒂芬·金一年读70到80本书，大部分是小说。不是为了学习怎么写，是喜欢读，但学习在其中矣。坏小说是比好小说更好的老师。坏小说告诉你什么不能干，也启发你："我绝对能写得比这好！"好小说击倒你，让你充满绝望，没有被好小说击倒过的作者永远也击倒不了别人。斯蒂芬·金热爱音频书，这使他开车时也能听读小说。他建议随时随地读书。我想他会热爱Kindle。

12. 多写比少写好。可以不写，但一旦开始写某部小说，写完之前不能中断，每天都要写，否则人物不再鲜活，情节不能靠其张力自我完成。

13. 写小说是创造性地睡觉，是做白日梦。把世界关在门外，创造一个最适合你做白日梦的环境。缪斯什么时候来不知道，别等了。先坚持定量做梦，每天不达字数目标不能开门。

14. 写自己想写的东西，加入自己的体验、知识、推测和幻想。不要看斯蒂芬·金成功就照着他写。小说不是巡航导弹，是诚实地编出来的故事。

15. 小说有叙述，把故事从A推到B，最后到Z；有描写，让读者身临其境；有对话，让人物活过来。

16. 斯蒂芬·金的小说基于情境（situation）而不是情节（plot）。故事在情境中自己长出来。故事是史前化石，已经在地下，等你发掘。发掘要精心，用铲子，用牙刷，不要用情节设计这种工程机械，它能挖出故事，但损耗太大。

17. 情境领先：把一组乃至一个人物置入某个情境，然后不要设计帮助他们解脱，那是情节设计干的事，斯蒂芬·金不这么干，他看他们自己怎么解脱，然后记下来。也用不着在一开始就设定人物性格，在情境发展中性格会自己呈现。

18. 最有意思的情境往往可以用如果句式来表达：如果一女清洁工杀了人却没被怀疑，但被怀疑杀了另一个她没杀的人，接下来会发生什么？

19. 描写开始于作者将要写的东西视觉化，并将其变成文字。它开始于作者的想象，完成于读者的想象。斯蒂芬金不描写人物的相貌和衣着，用不着。描写最突出的东西，其他的读者会用想象补足。地点和场景描写更能将读者带入。

20. 小说离不开比喻，但不要写“他像老虎一样勇敢”这种东西了。“这根烟抽起来味道像掏粪工的衣服”，就还不错。

21. 好的描写，有新鲜、鲜明的画面感，用简单的词汇干净地表达出来。

22. 对话：但凡能展现的，绝不直接说出来。对话是展现人物性格的最好载体。能写好对话的作者往往在生活中是好的对话者。

23. 象征和主题：情境驱动故事，完成小说初稿，再看有没有出现有价值的模式（pattern）——象征或是主题。有的话，在第二稿里打磨它，完善它，突出它。不要搞错顺序了，先有故事，后有主题；主题先行则没有好故事。

24. 小说的第二稿一定要比第一稿至少短 10%。

25. 写小说时作者心里都有一个至关重要的读者：“我这样写他 / 她会怎么看？”

英文电子书阅读法

读英文电子书12年，各种书都读过，各种工具都用过，欲善其事，先利其器，所有心得，一文打尽。

为什么读英文书?

我这里所谈，仅限于英文电子书，中文电子书世界还有许多选择，在此不涉及。

许多朋友问我英文书怎么读。我说就是找到你的兴趣点，然后就读起来。如果已过大学六级，有好的电子阅读工具，方便的英文词典，就能读起来。但凡资讯、图书，只要是感兴趣的，优先读英文版，哪怕眼前就有中译本。不要吝啬起步之时要付出的一些努力，越读会越有收获。

资讯的全球化，在互联网出现之后就开始了。全世界任何地方发生的新闻，全世界任何其他地方都可以同步了解；图书阅读的全球化，则要到10年之后，也就是亚马逊推出 Kindle 阅读器之后才开始，自那以后，全世界任何地方出的新书，全世界任何其他地方都可以同步阅读，极大地解放了读书人，不用等图书慢慢到岸，价格也大幅下降。一个有能力读英文书的人，如果还要等中译本，耗掉中间的数个月乃至数年的时间，实在是辜负了这个时代。

为什么读电子书?

纸书太重，字号太小，又不可调，做摘录得靠手抄，也不可能随身带着七八十本纸书，在高清电子墨水阅读器出现后，读纸书已无必要，嗜好油墨香味者除外。

用什么读?

我从2003年开始用电子设备读书，最早用 Sony 的 SJ33、TH55 读，然后用 Palm 公司的 Treo650读，都是前 iPhone 时代的史前名器。iPhone 时代开始之后，用过苹果的 iPhone、iPad、iPad mini，亚马逊的 Kindle DXG、Kindle Paperwhite。

史前时代已过，当前电子阅读器的选择，其实只有两类，一类是能用来做电子书阅读的多功能电子设备，如 iPad；一类是单一电子书阅读器，如 Kindle。前者功能强大，软件丰富，iPad 上的电子书阅读 app，有苹果自己的 iBook，采用通用的 epub 电子书格式；也有亚马逊的 Kindle 阅读软件，采用其自有的 mobi 电子书格式。既可从苹果商店和亚马逊书库里购买下载，也可以将自有的电子书导入。如果阅读量不太大，用 iPad 读电子书是一个不错的选择。

但是，如果阅读量较大，iPad 长时期阅读相当伤眼，只能选择那些采用电子墨水技术的阅读器，其中 Kindle 阅读器是首选。电子墨水有千般不好，只有黑白两色，速度偏慢、翻页迟滞，功能单一，但有一个杀手功能就胜出：它不伤眼，目前最新一代 Kindle Paperwhite 的显示精度提升到视网膜级，赶上了 iPad，超印刷品的精细显示效果，使它完全能够替代纸书。

Kindle 采用亚马逊自有系统，另外一些电子墨水阅读器厂商采用通用的安卓系统，其中 kobo 系列的硬件水平可与 Kindle 比肩，可惜书库是个软肋。

从哪里找书？

庞大书库是亚马逊无可比拟的优势，目前已有近百万种电子书。所有新书以及许多老书都有了 Kindle 版，一键下载，方便至极。大多数电子书定价是9.99美元，相当于60多元人民币，以中国标准来看尚不便宜但也不算很贵，对能够且有兴趣读英文书的人来说，不是大的负担。

许多朋友在亚马逊网站购书据说有这样那样的问题，以我的经验，注册一个美国亚马逊网站账户，挂上国内的双币卡，买电子书从来没遇到过问题。

公版网络书库，以 Project Gutenberg（www.gutenberg.org）为最，顾名思义，古登堡计划上承古登堡发明西方印刷术的伟业，是目前最大的公共版权网络书库，里面有数十万种已成为公共财富的各语种图书，英文最多，西方经典应有尽有，每本均有详尽的各种电子书格式提供下载，方便各种阅读设备，功德无量。祝它长命百岁！

各种电子书格式怎么读？

最主流的两家，苹果 iBook 用的是 epub，亚马逊用 mobi 格式，近年又衍生出 azw3版权加密格式。对正版图书读者来说，这些都不用在意。无论哪种格式，在阅读软件中功能都差不多，能放大缩小字号，改变字体，自动重排，设置阅读背景，加载词典。好用够用了。

移动设备上电子阅读的难题，是读 PDF 电子书。

PDF 是最常用电子文档格式之一，迄今仍有大量的专业文档只有 PDF 格式，特别是各种教材、论文。PDF 的好处是跨平台、格式保真，坏处是不能根据阅读器的屏幕自动重排，手机屏幕太小，读来字号太小，几无实用价值；至少要 iPad 这样大小的设备上才能读得舒服。

在 iPad 上读 PDF，强烈推荐神软 Goodreader，可加挂云中书库，可裁边，可加批注，可做摘录，读完后可将批注摘录生成读书笔记，直接发到笔记软件 Evernote 中保存，读书与知识管理一气呵成。

在 Kindle 上读 PDF，亚马逊出过9.7寸的大屏 Kindle DXG，这款阅读器推出的时候主要面对教育市场，原因正在此。不过，这款设备太重，太大，兼已停产多年，要找不易，亚马逊上偶有打折清仓。有兴趣者可留意。

现在 Kindle 电子阅读器主打6寸设备，旗舰级的 Kindle Voyage 和大众级的 Paperwhite 都如是。在这些设备上直接读 PDF 文件是一种折磨。亚马逊提供了一个折衷办法，可通过 send to Kindle 软件将 PDF 文件发到阅读器，勾选“convert”转换选项，自动转为标准电子书格式，文字版 PDF 文件转换的效果尚可接受，可惜不适用于扫描版的 PDF 文件。

在 Kindle 上读扫描版 PDF 文件，只有一个办法，好在这个办法还很不错，如果你愿意破解 Kindle 设备的话。推荐一款开源软件

Koreader，可以与亚马逊原生系统无缝切换，实现PDF的自动重排，效果惊人，并加入字典、私人云中书库、与Evernote自动同步书摘等功能，大大提升Kindle设备价值，成为一部真正的全能阅读器。Github上可找到这款软件（https://github.com/Koreader/Koreader）。

不过，亚马逊不断升级Kindle设备的固件，最新固件特重加密，很长时间也无法破解，破解社区一片哀鸣。我手上的Paperwhite一代机用的早期固件，装有Koreader，始终不敢退役，也不敢去买最新的Kindle设备。亚马逊何苦难为我们读书人呢？何不干脆收购Koreader并整合到原生系统当中？

眼下，不愿/不能破解Kindle，又想用电子墨水设备舒服地读PDF，钱够多也是有办法的。Sony近来推出一款13寸的电子墨水阅读器DPTS1，专门用于读PDF，加手写识别。大屏解决了一切问题，还非常轻便。一个接近完美的解决方案，配上了一个劳斯莱斯般的价格。几经降价之后，最新的价格仍是799美元。有钱的建议去买，没钱的看图解个馋吧。

怎么管理电子书？

如果电子书较多，推荐用calibre管理，跨平台，多功能，能制作电子书，也能在多种电子书格式中转换。如果你从亚马逊购买了含版权加密功能的电子书，也能用它解开加密，加入书库。最重要的，它还能根据作者和书名，自动从各大信息源抓取图书信息和评级，极为方便。

用什么词典？

读英文书必须要词典，囫囵吞枣不是办法。Kindle 原带各语种的经典词典，已是不错的选择。不过我另有建议，如果你读书广博，涉及专业书籍，最好选一个辞条最多的。网络上有许多自制的这类词典，好则未必，胜在选择较多，我就选了一个辞条最多的，导入 Kindle 即可。如求甚解，推荐微软必应网络词典（http://cn.bing.com/dict）。与更知名的各类牛津剑桥美国传统词典不同，必应抓取真实使用的句子和释义，可以学到活的语言。当然，正因如此，有的例子用得好，有的例子用得不好，你得有能力辨别。

新闻三论

新闻与国情

日前在北大跟同学交流，谈到新闻与国情。我说，国情这两个字，泛指就无所不包，具有无远弗届的解释能力，也因此丧失有效的解释能力。国情在中国应作特指，特指政府。政府是中国最大的国情。

1978年以前的中国，社会与政府是两个完全重叠的同心圆。政府即社会，社会即政府。政府管住一切，个人的工作、生活、思想，社会的经济、政治、文化，无所不管。政府之外无社会，那就无所谓新闻专业主义，只需要宣传到位。

其后30多年，总体上是政府主动自我改革而社会在政府之外获得生命力的过程，个人意识从集体意识脱离，社会急剧扩展而政府相对收缩。

近年来，社会的外圆仍在快速拓展新边界，同时政府内圆重新扩张，其速度更超过社会扩张的速度。所以，人们一方面真实感受到经济、生活方式和观念的全球化，另一方面也同样真实感受到政府增强的力量。

这跟新闻行业有什么关系？政府与社会的边界从无到有，从收缩到扩展，是中国当前最重要的板块运动，在横断面造就新闻富矿。最重要新闻就在这里发生，包括经济新闻、社会新闻和时政新闻。与我们自己切身相关，新闻媒体不是在政府与社会之外静观的第三者，而是政府—社会关系的一部分。没有政府收缩社会扩张那个阶段，根本就不会有什么市场化媒体。新闻媒体既是政府—社会关系变迁的产物，又是变迁的放大器，其命运起伏又因此再次被放大。在这个正反馈的循环中，选择何处安身何以立命，最终界定新闻媒体的使命，也检验新闻工作者的成色。

夫子说：汝安乎？汝安则为之。

新闻业需自救无需救世主

亚马逊创始人贝索斯2.5亿美元买下《华盛顿邮报》，人们又一轮争论。但谈报业命运已经没有意义了，报业将死问题只是何时死；真正重要的是专业新闻媒体的命运，新闻永存但将如何存在？

互联网普及和新媒体形态兴起，挑战专业新闻媒体和新闻工作者。这个挑战的关键不是传统媒体怎么转型，也不是未来的专业新闻媒体如何自如运用新媒体技术建立可持续商业模式。正常社会对专业新闻报道有永恒的需求，不正常社会尤其如此。只要需求常在，或迟或早，新闻工作者能创造出商业可持续的内容生产方式。

挑战的关键在于，竞争图景彻底变了。

互联网普及，那么第一步就是全国的新闻工作者彼此竞争，前互联网时代一两家报纸垄断本地市场的情况结束。第二步是全世界新闻工作者在最重要的新闻上彼此竞争，正如这一两年《纽约时报》《华尔街日报》《金融时报》、彭博新闻社在中国拼尽全力。全世界最好的媒体和记者随时出现在彼此的后院。

社会化媒体兴起，意味着新闻业外的专业人士也加入了新闻竞争。在任何一个特定时刻，总有一些专业人士，对特定事情的了解比新闻工作者更准确及时深入。他们不是新闻工作者，但社会化媒体赋予了他们传播的权力。

新闻业从蓝海变成红海，竞争无处不在，传播只需要一个转发键，竞争会加速趋向赢家通吃，不再需要那么多专业新闻媒体和新闻工作者，其中最优秀的一小部分就足以服务全国和全世界公众。

这才是根本性的挑战。新闻工作者必须反思并重建核心竞争力，与全体同行竞争，与专业人士竞争。只有一流的新闻工作者才能生存。一流只是生存的前提，平庸是通向消亡的门票。等待新闻工作者的是最好的时代还是最坏的时代，取决于你是一个什么样的新闻工作者。新闻业无需救世主，极其需要自救。

新闻工作者对社会失衡的抗争

失衡社会常常出现这种系统性的扭曲：公权滥用权力，企业勾结权力，媒体丧失操守，形成一个狗咬狗（dog eats dog）的循环，谁都不干净，孰为强者孰为弱者，随时易地而处，最终输出一个失衡的结果：板子打在一方，关键时刻谁离权力最远谁成为牺牲品。

狗咬狗一嘴毛，新闻工作者如何自处？

讲法律，要讲罪与非罪，有法学家在，我不多说。

讲道德，我引用两段话：

——康德的道德律令要只按照你能够同时愿意它也应该成为普遍规律的那个准则去行动。

——罗尔斯的无知之幕：应把大家聚集到幕布之后，每个人都不知道自己走出幕布将有什么样的社会角色，然后再讨论应如何对待某一个角色。无知之幕的好处是不会因为既得利益而给出不公正的意见，因为每个人都不知道自己将来的位置，将来最弱势的角色因此能得到恰当的保护。

讲现实，新闻工作者不能决定生存环境，但可以决定自己对生存环境的反应。独立的新闻操守不是决定新闻报道空间大小的惟一和最重要的要素，但只有它掌握在新闻工作者自己的手中。新闻工作者不能根据沧浪之水的清浊来定行止，操守应该如一；即使只讲利害，形势越险恶，就越有必要保持职业操守。

新闻工作者最好的履职手段，同时也是最好的自我保护工具，是准确和全面的报道。准确带来客观，全面带来平衡。这是新闻工作者职业生涯的起点。准确和全面的报道，出自新闻业的基本职业训练，更出自独立立场，出自不受权力、金钱和关系左右的新闻操守。无论何时何地，包括在今天的中国，知易行难。同行们想必跟我一样注意到，人们珍视新闻自由，却常常并不尊重新闻工作者。这并不悖谬。言论固当自由，掌握言论枢纽的人更有责任呵护自由。

参与狗咬狗，不可能是对狗咬狗游戏的抗争；推进法治进程，为社会建衡立范，打破狗咬狗的循环，才是配得上新闻工作者这个职业的抗争。

你懂不懂新闻客观

记者怎么做新闻？读者怎么读新闻？无论是做是读，理解什么是新闻客观，都有用。

人们常说新闻是客观的。当然是。但客观不是黑与白，是与非，不是只有客观或者不客观两种情况。客观首先是一种态度，然后是一个过程，最后才是一个结果。

新闻工作者不可能从一张白纸起步，连婴儿都不是从一张白纸起步。新闻工作者立于天地间，长于社会中，对正从事的调查报道必然有先入之见。最新的神经科学和认知心理学已经发现，没有预期，则认知不可能发生。人皆如此，岂独新闻工作者！回避先入之见既无益也不可能，主动拥抱它。

人们总是要在不确定的情形下，根据不完整的信息，做出预测和相应决策。贝叶斯推理是最主要的方法之一。它用概率来定量地表达，人们对这个世界各种事情的先入之见，在新的经验 / 观察 / 数据面前，如何调整。

先入之见（prior belief）不仅仅是要被新经验 / 观察 / 数据修正

的对象，更是整个过程必不可少的起点。经由一轮贝叶斯推理，先入之见修正为后验命题（posterior statement），又成为下一轮贝叶斯推理的先入之见。假设—检验过程持续不断循环往复，科学研究是这样，新闻调查也是这样。

其实，不同的新闻工作者之间，就同一个主题的新闻调查，不论初始的先入之见多么不同，只要按贝叶斯方法，根据新的经验/观察/数据持续调整，认知最终会趋同，路径长短有别而已。如果先入之见合理的话，路短一些。

新闻客观，不是要求新闻工作者无先见，这既不可能也无好处，而是要求新闻调查的假设与检验过程得经得起敲打。这并不容易。形成合理的先入之见，经历合格的检验过程，比想象的要难得多，既不仅仅是新闻工作者的态度问题，也不只是有无利益冲突的问题，甚至缺乏经验都不过是很小一部分原因，最普遍且最重要的还是因为人皆有之的心理和认知误区。

认知心理学、行为经济学/金融学近几十年来对此有大量研究：

人们往往过度受第一印象/在先印象的影响。

人们经常从亲历的事件中推出过多结论小数定律。

人们对同一问题的哪怕些微不同表达也会做出不同反应。

人们倾向于筛选出那些有利于自己的或者与既有看法兼容的信息，而忽略那些相反的信息。

人们放弃一个已有的看法总是比形成一个新的看法困难。

人们总是过于自信。

……

这个单子很长很长，在此不赘，有兴趣者可读诺奖得主丹尼尔·卡尼曼（Daniel Kahneman）所著《思考，快与慢》（*Thinking, Fast and Slow*），或者行为经济学开创者之一理查德·泰勒（Richard Thaler）的《助推》（*Nudge*）。

对普通人来说，克服这些认知误区是好事但不见得必须。卡尼曼甚至不把这些叫作误区，称作心理或认知定势。但对于新闻工作者来说，克服这些认知误区则是新闻这份工作的定义的一部分。新闻无学这句话很流行，但说错了。新闻有学，在于系统地寻找并有效克服这些认知定势。所谓新闻专业主义（professionalism），专业就在于此。大学新闻教育与新闻媒体实战，此为要务。

怎么克服认知误区？决策研究权威、哈佛大学教授霍华德·瑞发（Howard Raiffa）给出了三步疗法：

第一，对各种心理和认知误区要有了解；

第二，做出判断时，要意识到自己可能陷入这些心理和认知误区。没有人天生免疫；

第三，总是要反思自己的第一反应。

这几句话，新闻工作者应时刻自省。它有用，却又没有一劳永逸这种事，只是提示了一个漫长而艰苦的修业过程。谁说新闻这份工作容易做呢？

回过头来说，所谓新闻要客观，对新闻工作者来说，就是要认识到新闻调查是一个循环往复的假设—检验过程，在每个环节都要致力于克服心理和认知误区。至于克服权力和商业利益的影响，更自不待言，在此不赘。

附　录

这些年我读过的书（2015-2010）

☆☆☆ 三星为不可不读

☆☆ 二星为不妨一读

☆ 一星为不如不读

传记／历史

001 ☆☆☆

What Do You Care What Other People Think: Further Adventures of a Curious Character

Richard Feynman

诺贝尔物理学奖得主费曼的第二本自传体故事集。费曼以兴趣驱动求知，游戏人生，享受生活，也深知人的无知、无能、懒惰、卸责、乡愿造成的悲剧。前半部分讲他的初恋女友、首任妻子 Arlene 患淋巴结核、一再误诊、生离死别的故事。后半部分是他参与调查挑战者号灾难的经过，如何用蠢问题穿透官僚机构的推诿和卸责，如何低调地骄傲，如何不动声色踩咕官僚，书里有许多好办法。

002 ☆☆

On the Move

Oliver Sacks

奥利弗·萨克斯，不成功的神经科学家，成功的神经科医生，极为成功的神经科学通俗作家，谈不上传奇但充满吊诡的人生经历，大师级的写作。萨克斯著作颇丰，最著名的是那本 *The Man Who Mistook His Wife for a Hat.*

003 ☆☆

What Mad Pursuit

Francis Crick

本书是弗朗西斯•克里克的自传，讲述他的早期经历，以及分子生物学从二战后到解开遗传密码那一二十年的大跃进史，他与詹姆斯•杜威•沃森发现DNA双螺旋结构自然是其中的辉煌一幕。

30岁才站到学术的门槛上，肚子里只有过时的学问，只因用了正确的择业法，走上了一条难以想象的成功道路，仅仅8年就做出了20世纪最伟大的科学发现，从此与达尔文、孟德尔的名字相连。

你必须知道的八卦择业法：你爱八卦什么，就做什么。

004 ☆☆☆

《万神殿堂》

王南

读库丛书之一，系统介绍罗马古建筑，如去罗马，必须手持一本。

005 ☆☆☆

Inner Asian Frontiers of China

Owen Lattimore

拉铁摩尔生于美国，长于中国，去过延安，做过蒋介石的顾问，被麦卡锡称作苏联间谍。拉铁摩尔游历过从东北到蒙古到新疆再到西藏的中国内亚边疆，服膺过汤因比，没有受过正规的学术训练，写过一本《中国的亚洲内陆边疆》，成为70年来不坠之中国边疆史名著。

【中译本：《中国的亚洲内陆边疆》，欧文·拉铁摩尔】

006 ☆☆☆

"Surely You're Joking, Mr. Feynman!": Adventures of a Curious Character

Richard Feynman

物理学诺奖得主费曼的自传。大多数人很懒，大多数事情有改进空间，但指出这些不会得到感谢，也不会改变其行为，倒会为报信人惹麻烦。人性／智识弱点不是用来改进的，是用来利用的。其中以下三个问题：how to set yourself free, how to get laid, how to make money gambling，都是人生的大问题，答案出乎意料。

【中译本：《别闹了，费曼先生》，理查德·费曼】

007 ☆☆☆

Hard Thing about Hard Things

Ben Horowitz

硅谷最新崛起也最成功的风险投资者讲创业。这书开始讲自己创业从危机走向危机的部分惊艳，转入分项叙述就归于平常。总的来说，有招，有特点。创业者必读，他人可选。

【中译本：《创业维艰：如何完成比难更难的事情》，本·霍洛维茨】

008 ☆☆

How Google Works

Eric Schimdt，Jonathan Rosenberg

之所以读这本书，是因为我但凡google服务都要用一下，总要看看这本书。如担心的那样，这本书果然是创业学/管理/成功学鸡汤书，不过我从书中讲招聘和开会的部分还是学到了东西，没有白读。

【中译本：《重新定义公司：谷歌是如何运营的》，埃里克·施密特、乔纳森·罗森伯格】

009 ☆☆☆

Anabasis

Xenophon

许多年前，谢国忠离开摩根士丹利以后，写过色诺芬的《长征记》读书笔记，我当时就去找了商务印书馆的译本来看，觉得琐碎不得要领，放下了。最近看托马斯•谢林的《军备及其影响》（*Arms and Influence*），里面多次引用《长征记》内容，于是又拿起来。这次读下来了。

一群希腊雇佣军卷入波斯内战失败一方，将领全部被诱杀，绝境之中产生英雄人物色诺芬，苏格拉底的弟子，将这个吵吵闹闹的marching democracy，从巴比伦带回黑海之滨。史书都是地名人名太多，要找个注释本，我在看的是古登堡计划（Project Gutenberg）上的公版，还可以。

这书的精华在前三部，从希腊雇佣军卷入波斯内战到陷入绝境到色诺芬出头。后面几部就是这支孤军/武装匪徒如何内部军事民主一路烧杀劫掠的细节，翻翻即可。这支匪军的马斯洛需求金字塔只有三件事：最底下要打赢，然后是吃饭，每一页都会讲到吃饭问题，如果打赢了吃饱了，就要发财。永无宁日。他们的军事民主是这样搞的：1万人，直接民主，非代议制，大事小事都要投票，领导人没有任期，没有真正的权力，一切都取决于当前的议题哪个立场能获得更多支持，太考验领导能力了，太累。另外，收入分配是这样的，士兵一份，班长两份，将军四份。

【中译本：《长征记》，色诺芬】

010 ☆☆☆

The Landmark Thucydides: A Comprehensive Guide to the Peloponnesian War

Thucydides

从《长征记》转到看《伯罗奔尼撒战争史》，这本书是西方第一部信史，还被认为是现实主义政治学滥觞之作，斯特劳斯编政治哲学史，第一篇也是修昔底德。雅典与斯巴达之战，是西方世界的第一次世界大战。雅典的内王外霸之帝国，是后世西方帝国的雏形，罗马帝国、大英帝国、今天的美帝国，都能找到影子。雅典人在斯巴达投票是否宣战的会上自辩说：雅典的帝国，起于恐惧、成于荣耀、系于利益。这些发言是全局的精华，几百页的书，竟有141篇发言。

011 ☆☆☆

The Lessons of History

Will Durant，Ariel Durant

杜兰特夫妇完成《文明的故事》11卷本巨著之后的一本小书。读这本书学不到什么，但能感受到两人笔耕40年私家著史之后笔力的自由、丰富和雄健，理解阅尽世事后的宽容、通达和智慧。学术价值是没有，但不比《21世纪资本论》煌煌巨著讲得浅呀。

【中译本：《历史的教训》，威尔·杜兰特、阿里尔·杜兰特】

012 ☆☆

《中国青铜时代》

张光直

张光直持商人东来说，认为豫西偃师二里头文化不是早商，而是夏。中商（郑州商城）、晚商（安阳殷墟）之前的早商，应在豫东黄土层下。夏商周三代不是垂直替代，而是平行发展，彼此交错，各领风骚。商人王制是王族内婚，舅甥体制，十大干分为两大群体交替执政。

013 ☆☆

《中国青铜时代》二集

张光直

几个要点：圣都不变，俗都屡变，追寻三代的主要政治资本亦即铜矿与锡矿。这一政制特征，是中国上古社会最主要的若干政经特征的一个尖锐体现。三代文化相近，纵然不是同一民族，至少是同一类的民族，其政府形式与统治力量的来源也相似。中国是一种连续性的文明，在这类文明的城市、国家产生过程中，政治程序（而非技术、贸易程序）都是主要的动力。

014 ☆☆

《黑毡上的北魏皇帝》

罗新

一本小书，半小时可翻完。从北魏皇帝即位仪式说起，探发从蒙古草原到伏尔加河内亚游牧民族的共同政治传承：王族七人举黑毡，新君在毡上九转，丝巾勒颈，昏迷之际自述在位年限。罗新由此认为，内亚民族应视作一个共同的政治体，正如中原王朝是一个共同的政治体，而各民族集团之升降与中原王朝更替相似，内亚历史因此有其统一性和独立性，从内亚视角来理解游牧民族南下建立政权的演变，可获得与中国史中心观不同的理解。书中还讲到耶律阿保机之死，认为死于自杀，起因是自述在位年限过短，而阿保机非此不能将草原民族的兄终弟及制改为中原的嫡长子继承制。读后我的感受是两重：一重是这种历史观、视野、对各语言材料的占有，陈寅恪也不过如此；另一重是对历史的解释陷于过度适配，有什么用处？！

015 ☆☆☆

Revolutionary Russia, 1891-1991

Orlando Figes

费吉斯专治俄国史，曾读过他的700页巨著 *A People's Tragedy : Russia Revolution 1891-1924*，极为出色。这本新书则是300页讲百年俄罗斯革命史，只能说是简述，我也只需从1924年以后看起。苏联为什么突然崩溃？费吉斯认为答案在戈尔巴乔夫身上。鹈鹕鸟丛书（Pelican Books）是企鹅出版社的大家写小书系列，中断数十年，今年重启。第一批5本。这本书是其中之一。费吉斯在书后附有读俄罗斯的书单，50本左右，相当精当。

016 ☆☆

《回纥史》

杨圣敏

从狄到铁勒到突厥最后到维吾尔的历史。

017 ☆☆☆

Failed Empire

Vladislav Zubok

这本书从冷战后讲到1991年，苏联社会主义帝国的兴亡。我挑着看了两章，一是后记，其实是全书的纲要，赶时间的话只看这章也可以；一是最后一章，讲戈尔巴乔夫与苏联的崩溃。祖博克认为，苏联社会主义帝国终结于内溃，根本原因是意识形态瓦解，精英层政治意志衰朽；在领袖个人层面，戈尔巴乔夫自信乐观的性格，在政治家中令人意外的天真，绝对不使用武力的决定，浪漫主义的世界大同观，比其他能更好地解释苏联于1980年代末期走向崩溃的进程。苏联社会主义帝国，死于自杀："the Soviet socialist empire, perhaps the strangest empire in modern history, committed suicide."

【中译本：《失败的帝国》，弗拉季斯拉夫·祖博克】

018 ☆☆☆

Man's Search for Meaning

Viktor Frankl

作者是心理治疗师，幸免于奥斯威辛和达豪集中营，战后出版此书，开创奥地利心理分析学派第三个分支意义疗法，自渡渡人，向死而生，洞察人性，仍存宽厚，于绝地成就真学问。

【中译本：《活出意义来》，维克多·弗兰克】

019 ☆☆☆

Adventures of a Bystander

Peter Drucker

管理学巨人彼得·德鲁克早期生涯的一本自传，着墨都在他40岁以前遇到的各种人物身上，以此勾勒“一战”前到“二战”前的欧洲。德鲁克文字极好，真通才。

【中译本：《旁观者》，彼得·德鲁克】

020 ☆☆☆

Models of My Life

Herbert Simon

西蒙除了是经济学家、人工智能专家、政治学家、组织行为学家和诺奖得主之外，还是极好的作者，这本书是他的学术自传。读了这本书才知道不是所有人都是用语言思考，有些人如赫尔伯特·西蒙、爱因斯坦用图形思考。

【中译本：《我生活的种种模式》，赫尔伯特·西蒙】

021 ☆☆☆

The Fractalist: Memoir of a Scientific Maverick

Benoit Mandelbrot

在不安全的世道，无立锥之地，无缚鸡之力，能依靠的只有自己——分形者的学问人生。

022 ☆☆☆

Postwar: A History of Europe Since 1945

Tony Judt

欧元为什么不会亡，欧元区为什么不会瓦解，读这本书可以懂。

【中译本：《战后欧洲史》，托尼·朱特】

023 ☆☆

Bismarck

Jonathan Steinberg

俾斯麦说，政治家博弈，不能预设禁区。无君无父无法无天。在俾斯麦身后，德国的路越走越窄，通向一战。

【中译本：《俾斯麦的一生》，乔纳森·斯坦伯格】

024 ☆

On China

Henry Kissinger

如果没读过基辛格关于中国的任何东西，那么这本算是集成之作，否则就不必读了。

【中译本：《论中国》，亨利·基辛格】

025 ☆

Jerusalem:The Biography

Simon Sebag-Montefiore

犹太望族后人写耶路撒冷。我去过，所以读完了。破除了一部分关于犹太人的迷思。跟其他民族一样，犹太人有忠诚，也有叛卖。

【中译本 :《耶路撒冷三千年》，西蒙·蒙蒂菲奥里】

026 ☆☆☆

《近代中国史纲》

郭廷以

以中文撰写的中国近代史教材，值得读的很少，一般就是说这本郭廷以，还有一本徐中约。我推郭廷以，取其史笔之外，有六分沉郁，四分热情。

027 ☆☆☆

《万古江河》

许倬云

看本书自序即可，勿庸更多荐语。

028 ☆☆☆

A Short History of the United States

Robert Remini

每个人都应该读一本美国史。我推荐这本，不是因为这本特别杰出，而是因为消毒祛魅这本就可以了。

【中译本 :《美国简史》，罗伯特·瑞米尼】

029 ☆☆☆

Team of Rivals

Doris Kearns Goodwin

如果这不是美国梦，我不知道什么是。

【中译本：《仁者无敌》，多丽丝·卡恩斯·古德温】

030 ☆☆

The Nine: Inside the Secret World of the Supreme Court

Jeffrey Toobin

最不被中国人注意但相对而言政治影响力最大的9个美国人，在哪里？

【中译本：《九人：美国最高法院风云》，杰弗里·图宾】

031 ☆☆☆

The History of the Peloponnesian War

Thucydides

不朽经典，可比史迁。要读伯里克利战前的讲话，为自由而不是为利害而战；也要读战争中期雅典人对米洛斯人的通牒：我为强者，强者为其所欲为；汝为弱者，弱者忍其所必忍。

【中译本：《伯罗奔尼撒战争史》，修昔底德】

032 ☆☆

Empire:The Rise and Demise of the British World Order and the Lessons for Global Power

Nial Ferguson

大英帝国不是出自顶层设计，而是偶然的产物。

【中译本：《帝国》，尼尔·弗格森】

033 ☆☆☆

《日本外交史》

信夫清三郎

中国人对外部世界非常感兴趣但相当陌生，美国是最熟悉的陌生人，而日本是最近的陌生人。读这本书，从日本人的角度理解日本近代以来的兴衰。日本左派可能是这世界最孤直的一类人。

034 ☆☆☆

A People's Tragedy : Russia Revolution 1891-1924

Orlando Figes

2010年到2011年跨年读到的巨著，做了万字读书摘记。中国20世纪发生过的故事，在俄罗斯都发生过。中国并不独特。

035 ☆

Son of Hamas

Mosab Hassan Yousef

作者是哈马斯七位创始人之一谢赫•哈珊•约瑟夫（Sheikh Hassan Yousef）的儿子。他18岁高中毕业前后以色列抓捕，成为以色列安插在哈马斯的最重要线人，代号“绿王子”。这本书是他的自传。

【中译本：《哈马斯之子》，摩萨·哈珊·约瑟夫】

036 ☆☆

The Road to Al-Qaeda

Montasser Al-Zayyat

我译为《通向基地之路》，作者Zayyat是埃及穆斯林兄弟会成员，与基地组织二号人物扎瓦赫里（Zawahiri）相识于狱中，在1981年兄弟会刺杀萨达特后，他们在同一狱室中待了三年。扎瓦赫里后创建埃及圣战者组织（Islamic Jihad），而Zayyat则与埃及另一支伊斯兰武装组织伊斯兰集团（Gama'a al-Islamiyya）关系密切。伊斯兰集团制造了1997年卢克索大惨案，但其后与埃及政府媾和，Zayyat是谈判者。两人分道扬镳。“9.11事件”后，扎瓦赫里出书《先知旗帜下的骑士》，多处怒斥作者。本书为回应，也是研究扎瓦赫里的重要材料。

政治

037 ☆☆☆

Dealing with China: An Insider Unmasks the New Economic Superpower

Henry M. Paulson

保尔森见过的中国领导人和精英的数量，恐怕是这一代美国人中最多的。这本书有大量的与中国顶层精英交往的细节，无论是在中文还是英文书中都难得一见。

038 ☆☆

World Order

Henry Kissinger

许多人以为基辛格是中国问题专家，其实不是。基辛格学者出身，真正最熟悉的是民族国家和现实主义国际关系的演化，然后将理论践行于自己参与政策制定的那段风云时光。此前基辛格的《论中国》反响平平，这次《世界秩序》回到老本行，驾轻就熟，老练通达。

这书讲的是1648年《维斯法尼亚条约》奠定现代民族国家体系以来近400年的世界体系演变简史。主要的政治体都讲了一遍，欧洲、中东、美国比较精彩，亚洲部分快进感比较强。书的写作相当有水平，主题跨越极大，涉及极多争议、利益与不同立场，均能报以尊重、得体且不乡愿的处理。我很佩服。

向全世界宣战的事，法国也做过，不过是以解放的名义。

【中译本：《世界秩序》，亨利·基辛格】

039 ☆☆☆

Mr. Putin: Operative in the Kremlin

Fiona Hill,Clifford Gaddy

这书讲普京有六种人格：国家主义者、俄罗斯历史继承者、幸存者、外来者、自由市场者、特工，并用这个六人格框架来分析其内外政策。

作者认为2008年格鲁吉亚战争是普京对西方的转折点，而近年的乌克兰事件是其自然延续。普京的底线是不能允许这两个国家加入北约，为此不惜诉诸武力。本质上，这是一场以乌克兰为舞台的俄罗斯誓要在苏联势力范围内重建影响力的一场威慑性的非正规战争。

其他问题上，普京仍然会保持私营经济，仍然在一些共同利益上与美欧合作，但划下了新的道。作者还认为，普京不了解西方。欧美乐于在俄罗斯看到市场经济、法治、宪政，但也就是如此而已，但普京把西方对这些问题的态度当作颠覆其个人体制的阴谋，是严重误读。

作者并不认同普京之治，但认为普京不仅是一个战术家，还是一个战略家，其政策有很强的一致性，也没藏着，全部见于1999年上台之前几天的世纪末公开信。

【中译本：《普京传：不可替代的俄罗斯硬汉》，菲欧娜·希尔、克利福德·加迪】

040 ☆☆☆

Corruption: A Very Short Introduction

by Leslie Holmes

又一本牛津通识读本，这本谈腐败。一本小书，关于腐败的方方面面都有扼要简介。其中提到腐败的文化差别，作者认为，人情这件事哪里都有，俄罗斯有 blat，类似物物交换；美国有 networking，人际网络；中国讲关系；英国有 old school tie，校友关照。你觉得哪种更腐败一点？作者认为是英国。因为在英国，如果你出身某个精英私校，那么有人会替你找身处关键位置的校友求关照—他是我们学校出来的—受托者和受益者之间连认识都不需要。作者的看法是：腐败的文化差别只是权贵为自己辩解的托词。

041 ☆☆☆

The Social Evolution of International Politics

唐世平

唐世平教授的 *The Social Evolution of International Politics* 获得了国际研究协会（ISA）年度最佳著作奖。唐教授以进化论来解国际关系史，批判既有的多种主流国际关系理论，一石二鸟，格局极大。他不是简单将生物进化论复制于社会演化分析，而是建构自己的社会演化范式 SEP（Social Evolutionary Paradigm）。他称这是寄生于超级拉马克主义的达尔文主义。简而言之，SEP 主张社会演化是有意识的，群择的，对环境变化应激的，获得性特征是可“遗传”的，选择不再是简单的自然选择而是受自然限制的人择；最后，与现代达尔文主义一样，SEP 认为社会演化没有方向，历史没有目的。

042 ☆☆

The Real North Korea

Andrei Lankov

这本书认为朝鲜既不是非理性也不是意识形态狂人，而是当代超级马基雅维利。另外认为韩国太成功，朝鲜承受不起松动带来的震荡，所以绝不会改革。

作者认为，因为经济失败到难以维系斯大林式国家，国家机器因为没有资源而客观上收缩，是朝鲜发生变化的惟一动力来源。从这个角度也对先军政治有了更好的理解：选择性地维持国家机器。这书后两章讲朝鲜政权的未来及应对，总而言之硬软都不成。对于朝鲜，只能放弃预测，做好准备。

043 ☆☆

The Impossible State: North Korea, Past and Future

Victor Cha

作者曾是美国国安会亚洲事务主管。这本书巨长，只能挑着看。他认为朝鲜变局的动力在于朝鲜人民现在只能自己想办法，以前国家配给一切不用自己想办法。人民自己想办法，变局就会到。我不信服这个逻辑。

044 ☆☆☆

The Logic of Collective Action

Mancur Olson

经济学家的政治学名著。群体行动并不会因有共同利益自然而然地产生。群体行动表面上与群体规模相关，实则取决于理性经济人的利害权衡。至少存在三种群体，一种是特权群体，这群体规模小，其中个别成员采取行动争取群体公共品，其个人所分得的部分即已超出整体成本。一类是中间群体，即个人采取行动对公共品的获得有可见影响。一类是大群体，即个人行动对公共品的获得没有可见的影响，且不行动也不妨碍个人分享公共品。三类群体提供公共品的可能性依次是：确定有，不确定，确定没有。大群体要能提供公共品，必须威逼，采取强制手段；或者利诱，向参与者提供定向激励。奥尔森称此为公共品衍生理论，即公共品是因威逼利诱而产生的组织的衍生品。他以此批判了马克思的阶级斗争理论、美国社会压力集团理论，并分析政党、工会、商会、农会、特殊利益集团的成败逻辑。奥尔森认为公共品衍生理论适用于分析所有经济类集体及其组织，但不适用于分析宗教、慈善等社会集体及其组织。

【中译本：《集体行动的逻辑》，曼瑟·奥尔森】

045 ☆☆☆

The Dictator's Handbook: Why Bad Behavior is Almost Always Good Politics

Bruce Bueno de Mesquita

这本书基于名义选民、真实选民、胜利联盟三维度，不惮于绝对现实主义的分析框架，打破民主与威权二分法，重理从政客到 CEO 的行为逻辑。表面上是现代厚黑学，实则是现代马基雅维利对民主体制的赞歌。可参看作者布鲁诺•德•梅斯奎塔同题材学术著作《政治生存的逻辑》（*The Logic of Political Survival*）。他还著有《预言家的博弈》（*The Predictioneer's Game*）一书，基于六要素模型，用博弈论预测国际政治形势走向。他认为，依靠逻辑和事实，则未来可预测。在他网站上可以玩这个模型。

【中译本：《独裁者手册》，布鲁诺·德·梅斯奎塔】

046 ☆☆☆

The Prince

Machiavelli

重读马基雅维利的《君主论》。人都贱，总是想要还没有的东西；同时，人群作为一个整体，又总是忘恩负义的。比如说，领袖带领人民打了胜仗，难道人民感谢他吗？也许。但很多时候就过河拆桥，把领袖给选下去了。所以，但凡可能，领袖都更愿意让人民害怕他而不是爱他，因为前者操之于己，后者操之于人。

【中译本 :《君主论》，马基雅维利】

047 ☆☆

Coup d'État: A Practical Handbook

Edward N. Luttwak

又一本奇书，作者特地写给那些准备发动政变的家伙，手把手地指导。

【中译本 :《完全政变手册》，爱德华·鲁瓦克】

048 ☆☆☆

Codes of the Underworld: How Criminals Communicate

Diego Gambetta

将博弈论和信息经济学框架用于分析黑社会的信息传递、身份识别、“信任”机制，可信威胁。为什么黑社会爱看黑社会电影？为什么犯人多自残？黑社会有没有忠诚？黑社会的策略跟孙子有什么相同之处？我猜大多数论述也可延伸适用于分析其他非透明组织，在这个意义上，可与《独裁者手册》和《威权统治的政治学》（*The Politics of Authoritarian Rule*）参看，为理解这类群体的内在逻辑提供了微观视角。

这书处处可摘。识别卧底的最优策略是什么？投名状加杀无赦？作者的建议反常识：投名状门槛要高，但一旦发现卧底则要宽大处理。

【中译本 :《解码黑社会》，狄亚哥·甘贝塔】

049 ☆☆

Violence and Social Order

Douglas North

诺斯说，长期看，平均看，发达市场国家在增长期经济增幅是低于不发达国家在增长期的增幅的。发达经济体之所以发达，是因为其负增长的时候少、幅度低。用投资的话说，净值增长稳定，回撤小。

【中译本：《暴力与社会秩序》，道格拉斯·诺思】

050 ☆☆☆

Politics of Authoritarian Rules

Milan Svolik

是近年最受好评的政治学著作之一。在广受关注的执政精英与民众之间的控制关系之外，作者更关心执政精英内部最高领导人与其执政盟友之间脆弱的权力分享关系，由此展开另外一套动力学。本书搜集了有关威权政治的大量数据，并系统性地采用博弈论分析方法。洞见，数据，方法，一个也没有少。亚马逊上买书不便的话，这本书所涉及的全部论文可以在其个人主页上下载，还有斯沃克对论文的简介及相关数据。

【中译本：《威权统治的政治学》，米兰·斯沃克】

051 ☆☆

The Man on Horseback: The Role of the Military in Politics

Samuel Finer

军人为什么要干政？何时会干政？军人干政的弱点在哪里？什

么情况下会还政？为什么会上瘾？与这个主题的重要性相比，关于军人干政的著作太少，这是其中比较有影响力的一本。

052 ☆☆

From Dictatorship to Democracy

Gene Sharp

又一本奇书，把公民不服从由精神梳理成了操作指南，原为缅甸而写，现在已经全球化了。

【中译本：《从独裁到民主》，吉恩·夏普】

053 ☆☆

A Theory of Justice

John Rawls

人们在无知之幕下，对彼此地位、种族、信仰、财产一无所知，也对决策有何影响一无所知，才能做出保护弱者的道德决策。因为在无知之幕后面，人人都可以是最弱者。无知之幕（veil of ignorance），适用于今天对于受害者身份的讨论。

【中译本：《正义论》，约翰·罗尔斯】

054 ☆

Why Leaders Lie

John Mearsheimer

米尔斯海默是现实主义政治学大家，有名著《大国政治的悲剧》。这本书因一篇小文而起，几句话就能说完：领导人对外较少说谎，对内较多说谎，无论对内还是对外说谎，如果受惩罚，都不是因为谎言，而是因为失败。铺陈为书，却没有书的骨架，令人失望。

【中译本：《为什么你的政府会说谎》，约翰·米尔斯海默】

055 ☆☆

Pillars of Prosperity

Timothy Besley,Torsten Persson

亚当·斯密说："将一个国家从最蛮荒带到最富足，只需要和平、简易的税收和过得去的司法（peace, easy tax, and tolerable administer of justice），其他的一切都会自然发生。"

当代发展经济学大家蒂莫西·贝斯利称之为繁荣的三根支柱：和平是政府提供的最基本公共品，税收代表了政府从社会抽取资源的财政能力，司法代表了政府为社会提供公平保护契约的法治能力。不能征税则无政府，不能提供法治则不配执政。

简易的税收并不意味着低税收。政府的财政能力与法治能力明显相关。高收入国家，其政府的财政能力与法治能力一般都较高；中等收入国家政府的两个能力都在中游；低收入国家的政府往往哪个能力都弱。这也符合人们的观察：发达国家总体而言收入高，税收高，法治水平高。更细致的观察还可发现：低收入国家的政府更倾向于征收间接税，而高收入国家政府的主要税收来自所得税等直接税。

中国正努力避开中等收入陷阱，以图在未来10年进入高收入国家群体；中国的财税体制正在经历20年来的最大改革，未来开征房产税后，直接税在税收结构中将越趋重要。这些都在倒逼法治进程加速。这同样符合直觉：不保护财产权，就不能从有产者那里征税。光征税不保护财产权，财产会自己长腿走掉。繁荣的三根支柱缺一不可，也植根于同一土壤：正如贝斯利所说，它们都生长自有广泛共识和社会凝聚力的制度。

056 ☆☆

A Capitalism for the People: Recapturing the Lost Genius of American Prosperity

Luigi Zingales

美国需要重振资本主义精神：要保护市场（market），而不是保护商业利益（business）。

【中译本：《繁荣的真谛》，路易吉·津加莱斯】

057 ☆☆

Economic Origins of Dictatorship and Democracy

Daron Acemoglu，James Robinson

麻省理工学院教授德隆•阿西莫格鲁生于土耳其，求学英美，关注民主转型与国家发展，著作极丰，获奖无数，被引用次数超多，是最受关注的政治经济学家。新书《国家为什么会失败》又在大众市场博得极高声誉。他才45岁，更进一步只是时间问题。

这里简单介绍德隆•阿西莫格鲁关于民主化转型的分析框架，出自《独裁与民主的经济起源》（*Economic Origins of Dictatorship and Democracy*）。

德隆•阿西莫格鲁把政治体制看作政治权力在执政精英和民众之间的特定分配状态，民主化是前者向后者让渡部分权力。执政精英为什么要这样做？

第一组前提：社会不满非常严重，执政精英与民众之间的信任已经崩坏，执政精英小修小补改善民生的承诺，不仅不足够，而且无法取信于民众。只有走上让渡权力之路，才是做出不可撤回的承诺，才可信，其他承诺都不可信。

社会不满及其引发动荡的严重程度，取决于民众生活状况、公民社会的力量、集体行动的性质。所谓改良与革命赛跑，没有革命的压力，改良不会发生；如果革命不可逆，改良行而不远。

第二组前提：执政精英预期民主化成本可接受，因此不选择暴力，选择顺应时势。所谓时代变了，所谓天下大势浩浩荡荡。

民主化成本估算，与这些因素有关：

——如果社会贫富极端分化，执政精英资产很可能在让渡权力后被民众剥夺，民主化对执政精英的成本就很高，发生的可能性就低。土地在社会财富中地位越重要就越是如此，因为土地剥夺起来特别容易。如果社会财富集中于人力资本而不是不动产，则民主化对执政精英的成本相对较低。

——如果执政精英能够参与民主化进程，创设制度，影响方向，也会有利于民主化发生。

这些分析关乎民主化会不会发生，也关乎民主化能否稳固。贫富分化越严重，土地在执政精英财富组合中越重要，抗衡极端民粹倾向的政治设计越少，民主化就越难发生，即便发生也越难稳固。

【中译本：《政治发展的经济分析：专制和民主的经济起源》，德隆·阿西莫格鲁、詹姆斯·罗宾逊】

058 ☆☆

Why the West Rules-for Now

Ian Morris

作者是考古学家，所以把回答维度扩展到了5万年之长，在这个漫长的时段里，西方在绝大多数时候都是领先的，只是中间落后了近1000年而已。

【中译本 :《西方将主宰多久》，伊恩 · 莫里斯】

059 ☆

The World until Yesterday

Jared Diamond

讲现代社会与蛮荒社会其实只一步之遥，而这意味着什么？这本书盖茨很喜欢，我则很不喜欢。戴蒙德在《枪炮、病菌与钢铁》（*Gun, Germs, and Steel*）之后的书，我觉得是一本不如一本。

【中译本 :《昨日之前的世界》，贾雷德 · 戴蒙德】

060 ☆☆☆

《2030年的中国》

世界银行、国务院发展研究中心

如果中国未来有改革，这就是方案。

061 ☆

Why Nations Fail

Daron Acemoglu，James Robinson

榨取型政权与包容型政权，决定国家兴衰。我对这类宏大主题兴趣下降了。

【中译本：《国家为什么会失败》，德隆·阿西莫格鲁、詹姆斯·罗宾逊】

062 ☆

The Logic of Political Survival

Bruce Bueno de Mesquita

统治者为什么理性地选择暴政？未读完，作者指出答案后就没往下看了。

【中译本：《政治生存的逻辑》，布鲁诺·德·梅斯奎塔】

063 ☆☆

Understanding International Conflicts

Joseph Nye

国际冲突史简明读本。作者在冷战结束后力主强化而不是弱化美日同盟，奠定了今天亚太地缘政治格局。

【中译本：《理解全球冲突与合作：理论与历史》，约瑟夫·奈】

064 ☆☆☆

Diplomacy

Henry Kissinger

现实主义政治大师以现实主义分析民族国家兴起以来的300年国际关系史，巨作。

【中译本：《大外交》，亨利·基辛格】

065 ☆☆

《日本论》

戴季陶

此书当时被许为知日第一书，今天读来，不失洞见。

经济

066 ☆☆☆

Misbehaving: The Making of Behavioral Economics

Richard Thaler

现任美国经济学会会长理查德·泰勒的新书，是一本类自传兼行为经济学简史。泰勒最早服膺心理学家丹尼尔·卡尼曼和阿莫斯·特沃斯基对人类行为系统性偏离理性假设的研究，并将其引入经济学营垒，开创了经济学的行为转向。泰勒在这本书结尾的时候说，行为经济学接下来有三个未尽的方向，第一个是在经验层面继续寻找发现系统性偏离理性假设的人类行为；第二个是建立统合性的理论；第三个是应用。第一个主要成果在行为金融领域，仍在继续；第二个正如行为经济学的批评者所批评的那样，还没有；第三个泰勒身体力行，做选择的设计。

067 ☆☆

Phishing for Phools: The Economics of Manipulation and Deception

George A. Akerlof，Robert J. Shiller

今年经济学通俗著作当中作者阵容最为豪华的一本，两位作者乔治·阿克洛夫和罗伯特·席勒都是诺奖得主。书里说，市场经济达到的均衡可没保证过一定要是“正常的”，操纵与扭曲也是“均衡”的一部分。这本书从经济危机、个人财务安全、健康、善治缺失角度，讲操纵和欺骗在市场经济中的中心而不是边缘角色。这本书读读导论就可以了，还有兴趣的话再读最后一章，两位作者用一章的篇幅来讲这本书与已成行为经济学常识的诸多发现有何不同。我读了这章之后的体会则是没有什么不同。

068 ☆☆

The Great Escape

Angus Deaton

安格斯·迪顿是诺贝尔经济学奖得主，这是他的近著，讲人类社会逃离饥饿、匮乏和疾病的近代史，以及与之相伴而至的更大不平等。安格斯·迪顿有本学术自传 *Puzzles and Paradoxes: A Life in Applied Economics*，其中讲道，经济学就这三件事：理论、实证、写作。这本书有无穷无尽的数据，而可读性居然不差。安格斯·迪顿还拒斥人类社会总会变得越来越富足健康的看法，他认为这场大逃离取决于诸多偶然因素。书名来自同名电影，讲二战中盟军战俘从德军战俘营逃离的故事。领头的成功逃狱三次，被抓回来三次，被枪毙。安格斯•迪顿说，取这个书名，忽略实际结果，重在抗争的意义。

【中译本：《逃离不平等》，安格斯·迪顿】

069 ☆☆

Rationality in Economics

Vernon Smith

【中译本：《经济学中的理性》，弗农·史密斯】

070 ☆☆☆

Nobel Lecture: Constructivist and Ecological Rationality in Economics

Vernon Smith

虽然拿到了诺贝尔经济学奖，史密斯的文字太差了，写得又枯燥又充满歧义。《经济学中的理性》读到2/3，还是决定弃书，转而去读他的诺奖讲座，好一些，短一些，内容一样。总的说来，还是有收获的。史密斯也是实验经济学家中比较有雄心的：主流经济学与行为经济学表面上针锋相对，其实都着眼于个体也就是人的理性或者非理性，实验经济学更重视市场怎样才能发挥作用，不管市场中的个体是所谓的理性还是非理性。

《经济学中的理性》里面提到Iowa Electronic Market，一个各种预测的网络期货交易市场，在这个市场上，你有什么预测，政治的、经济的、金融的，就用真金白银下注。市场由爱荷华大学商学院老师们维护，算是真实世界的教育。

071 ☆☆

Who Get What and Why

Alvin Roth

实验经济学家、诺奖得主埃尔文·罗思的新书 *Who Gets What and Why*。以前另一位实验经济学家写的书，约翰·李斯特（John List）的《隐性动机》（*The Why Axis*），李斯特享有大名，书也很好读，就是没什么意思，一些案例的介绍而已；埃尔文·罗思的这一本也是一样，读书能看到他们如何学以致用，不明白这东西的理论价值在哪里。从这两本书中，就是看到经济学范式下的碎片化应用。

这书大多数时候要么是陈旧的，要么讲到有趣话题却总是浅尝辄止，翻翻就翻完了。有兴趣步我后尘的，只推荐第三部分讲延迟接受算法（deferred acceptance algorithm）那几章，倒是很有用，适用于学校招生排位、肾脏交换等，其实可以一般地推广应用到大量不由价格决定的双向选择情境。

072 ☆☆

Treynor On Institutional Investing

Jack Treynor

特雷诺是现代金融基石理论 CAPM 模型发明者之一，又一直在做主动管理型基金，寻找投资的 edge，兼具两边的思想深度。这书是特雷诺的集子，许多个短篇，每有令人叫绝的洞见。

比如，市场之所以大多数时候能有效定价，不是因为其中有投资者特别英明，而是投资者们独立地犯错误。所以一份影响力巨大的研报，一方面增加了市场平均的认识水平，另一方面又因为其影响巨大，减少了投资者犯错误的独立性，净效果可能是减少了市场定价的有效。

又比如，基金经理是逻辑说得顺的好还是磕磕碰碰的好？想知道答案，去翻书。

073 ☆☆

Fisher Black and the Revolutionary idea of Finance

Perry Mehrling

这书前言写得太好了。金融学教授这么会写书，文字工作者很沮丧。传主费希尔·布莱克是期权定价公式主要发明者，可惜去世早，没拿到诺奖。学以致用，知行合一，这个不容易但也不罕见，罕见的是布莱克用以指导人生（不是投资，布莱克几乎不投资）的指南，是 CAPM 模型。

书中还讲道，布莱克是个内向症患者，但有一套社会化学习方式：一对一、对面对、完全朝向问题的交流，只谈自己感兴趣的那个方面。所以跟布莱克交流过的人数以百计，但每个人都只了解自己看到的那一小片布莱克。

【中译本：《费希尔·布莱克与革命性金融思想》，佩里·梅林】

074 ☆☆☆

Lifecycle Investing: A New, Safe, and Audacious Way to Improve the Performance of Your Retirement Portfolio

Ian Ayres，Barry Nalebuff

人生第二大悲剧是钱没花完，人死了。人生第一大悲剧是钱花完了，人还没死。生命周期投资法，主张在组合多元化之上更进一步，实现时间多元化。人的一生，收入流是不平均的，初期少，后期多。如果按通常的股债固定比例投资，则过度集中于中后期，大有可能无法筹齐退休所需的资金。为了将投资熨平，作者建议年轻人一开始投资的时候，一定要加杠杆，可投资资产全部并再加一倍杠杆，投资于股市，然后随着年纪增长逐步减杠杆。

其逻辑是这样的，一生收入流贴现到现在，乘以由你的风险偏好决定的投资组合中买股票资产的比例，就是你现在应该用来买股票的资金额，但刚工作的年轻人总是达不到这个数字，所以要加杠杆。杠杆的风险被时间多元化抵销后，在40年的漫长投资期中，仍然能获得相对低风险下的相对高收益。

075 ☆☆

The Manual of Ideas

John Mihaljevic

各种投资风格及适用范围，简明百科全书式的读本。

【中译本：《发现黑马》，约翰·米哈杰维奇】

076 ☆☆

Reading About the Financial Crisis: A 21-Book Review

Andrew w. Lo

金融工程大家罗闻全的长篇书评，关于2008年金融危机的21本书，一半来自学者，一半来自记者。书评发表在 *Journal of Economic Literature* 上。罗在前言里豪迈说道：基本上没人能读完

21本书，这书评就省了大家的事。

罗闻全说，解构金融危机的文章、书、报告汗牛充栋，为什么就没有一个像美国交通安全局NTSB空难调查报告那样令人信服的呢？他举了一个例子：美国金融机构的杠杆率在危机前是30多倍，被认为是危机的一个重要原因。但是，就没人认真看，自从1998年以来，杠杆率就是这么高了。

077 ☆☆

The Education of a Value Investor

Guy Spier

很逗的一本书，作者是英国人，以全班第一从牛津毕业，又读了哈佛商学院，毕业的时候想不走寻常路，没去高盛这种公司，去了一家华尔街小投行，结果发现骗子成群，过了两年辞职出来，全公司的人都被抓了，然后因为这段经历，他找不到工作。这时自学价值投资，看格雷厄姆的《聪明的投资者》，读巴菲特的所有传记加股东信，但还是找不到工作。最后只好管理父亲的资金。后来又寻找到人生的另一个楷模，印度人莫尼斯•帕波莱（Mohnish Pabrai）。帕波莱步亦步，帕波莱趋亦趋，两人还合伙买了巴菲特的拍卖午饭去朝圣。

这是一个失败金领如何转变成为一个类雪球草根投资者的故事，一个聪明人如何痛苦地时常不成功地蜕变为老实人的故事。故事的结尾还是美好的。看这书没什么收获，就是图个乐呵。

【中译本：《与巴菲特共进午餐时，我顿悟到的5个真理》，盖伊·斯皮尔】

078 ☆☆

The Frackers: The Outrageous Inside Story of the New Billionaire Wildcatters

Gregory Zuckerman

这书上了2014年《金融时报》好书榜。讲美国页岩气革命是怎么发生的。看到两点，第一，页岩气是个标准的颠覆式创新，大公司看不上，因为开采成本高，而页岩层油气含量不明（当时），经济价值有限，所以就是一群一直在生存危机的中小公司在搞，直到突然有一天技术突破。第二，技术创新中的大多数是组合而来的，也就是对现有技术的新组合。注水压裂法有几十年的历史，横向开采法也有一段时间，各有其用，直到有一天，有人把这两样技术合在一起，井喷就开始了。

看了这个，觉得在中国搞页岩气，没什么戏。

【中译本：《页岩革命：新能源亿万富豪背后的惊人故事》，格里高利·祖克曼】

079 ☆☆

The Why Axis: Hidden Motives and the Undiscovered Economics of Everyday Life

Uri Gneezy，John List

两位经济学新星尤里•格尼茨和约翰•李斯特开创经济学研究的 field experiment 路线，出版了第一本面向大众读者的著作，但没有打破今年名家新作令人失望的魔咒。希望越大，失望就越大。

【中译本：《隐性动机》，尤里·格尼茨、约翰·李斯特】

080 ☆

Think like a Freak: The Authors of Freakonomics Offer to Retrain Your Brain

Steven D. Levitt，Stephen J. Dubner

Freakonomics 出到第三本 *Think Like a Freak*，第一本印象较深，第二本比较差，这一本很差。从近年克拉克奖得主们的通俗著作看，中青年学霸在拾麦穗。

081 ☆☆

Flash Boys: A Wall Street Revolt

Michael Lewis

华尔街第一写手新作，揭美国高频交易内幕。书写得比较散，写作的角度不佳，业界反应毁誉参半。我的收获是理解美式的高频交易在中国很难复制，“截和式”高频交易需要一个高度fragmented的市场结构，中国市场结构不同。

【中译本：《高频交易员：华尔街的速度游戏》，迈克尔·刘易斯】

082 ☆☆

Microeconomics: A Very Short Introduction

Avinash Dixit

阿维纳什·迪克西特为牛津通识系列写的微观经济学。大学者写小书，这本令人失望。虽然将一本100页的书与一本700页的书做比较有失公平，但还是要说，对有兴趣了解经济学的人来说，这本书也就是简明扼要，但没有阿尔奇安（Alchian）《大学经济学》（*University Economics*）的思辨性和穿透力。全书比较有价值的地方是后面的书目，秉承了牛津通识系列的传统，有一个完整的经济学书单。

083 ☆☆☆

Reinventing the Bazaar

John McMillan

本书副题是市场的自然史。阿维纳什•迪克西特说如果经济学的书只读一本，那就读这本。作者曾担任过美国 FCC 的无线频率拍卖顾问。这本书的精义，如果用一句话来说，就是 Market works only if well designed. 市场不是万能的，而且在能发挥作用的地方还要取决于制度：信息能否流动？合同能否被执行？产权能否被保护？负外部性能否受控？竞争是否繁盛？“The deepest justification for the market economy is that where it works, it is the best remedy we have for poverty. The deepest reason for studying market design is that markets can work badly and thus fail to do away with poverty.”

【中译本：《重新发现市场》，约翰·麦克米兰】

084 ☆☆☆

《投资者的敌人》

朱宁

中国本地出版的针对现实问题的金融著作，以行为金融学视角指导普通投资者。投资者的最大敌人是谁？这里有答案。用中文写的金融书很少值得一读，这本是例外，很完整，持论很正，对中国投资者来说这种书太少了。

085 ☆☆

Expected Returns: An Investor's Guide to Harvesting Market Rewards

Antti Ilmanen

中央银行家转型大型投资机构合伙人之作，比大卫·史文森（David Swensen）的机构投资创新之路更新更全面。这书结构系统，结论审慎，遗珠很多。比如说，作者认为趋势投资与价值投资是好组合，互相提供 diversification。

086 ☆☆☆

How the Economic Machine Works

Ray Dalio

作者是桥水资本创始人，当下最成功的对冲基金经理人，关于减杠杆的分析框架简明有力，也帮他赚了很多钱，不赘述，自己去看。他还说，一个国家会经历这么几个阶段：穷且知道自己穷——富起来了但还以为自己穷——富且知道自己富——不再富了还以为自己富，每个阶段对应着不同的负债率。他认为美国是最后一个阶段，而中国正在进入第三阶段。

087 ☆☆☆

University Economics

Armen Alchian

有人说这本书是最好的经济学教材，我认为对数学不行的人来说确实是最好的经济学教材。没数学，章节短，有穿透力，副题为 *Elements of Inquiry*，信不虚言。诺奖得主马科维奇在亚马逊页面留言：经济学家中我最敬重阿尔奇安。本书享誉已久，文字晓畅。

【中译本：《大学经济学》，阿门·阿尔奇安】

088 ☆☆☆

Option Volatility and Pricing

Sheldon Natenberg

如果只读一本关于期权的书，就读这本，兼具专业和明晰。期权已经来到中国市场了，再不读就晚了。

【中译本：《期权波动率与定价》，谢尔登·纳坦恩伯格】

089 ☆☆☆

Behavioral Finance

James Montier

作者有学术背景，进入金融界后做过法兴的首席策略师，现在GMO，用行为金融学做投资。他选择价值投资但没有许多价值投资者的不圆通，比如，跟价值投资者一样，他认为新股的中长期投资回报率低于平均，但他还发现，打新股并在首日抛出，无论在哪个市场都有超额收益；再比如说，他认为在价值投资与趋势投资之间轮作是可能的——对原教旨价值投资者来说，这属离经叛道。在蒙泰尔写的几本行为金融学的书中，这本最好。

090 ☆☆☆

论文集

Andrei Schleifer

施莱弗是目前最有影响力的金融经济学家，极为多产，跨越公司金融、行为金融和转型经济，论文引用率全球第一。他关于有限套利、甩卖等话题的论文早成经典。如果不是因为在俄罗斯转轨时涉嫌利益冲突被诉，他应该早已获得诺奖。他参与创建的LSV资产管理公司，目前管理着770亿美元资金。学而优则入市，似乎是行为金融学家的专长。

091 ☆

Animal Spirits: How Human Psychology Drives the Economy, and Why It Matters for Global Capitalism

George A. Akerlof，Robert J. Shiller

两位诺奖得主的近著，因席勒2013年获奖而备受关注，再翻一次，还是觉得无趣。

【中译本：《动物精神》，乔治·A. 阿克洛夫、罗伯特·席勒】

092 ☆☆

Hedge Fund Market Wizards: How Winning Traders Win

Market Wizards, Updated:Interviews With Top Traders

The New Market Wizards: Conversations with America's Top Traders

Stock Market Wizards: Interviews with America's Top Stock Traders

Jack Schwager

这套书共四本，交易员系列访谈。许多交易员称读后受益很多，我觉得被高估了。这系列总体是平庸之作，偶有亮点，主要价值在于与行为金融学研究提供文本参照，可清楚看到行为金融学所发现的一系列思维/行为定势（bias）在交易员中确实普遍存在。

【中译本：《对冲基金奇才》《金融怪杰：华尔街的顶级交易员》《金融怪杰：对话华尔街的传奇交易员》《股市怪杰：美国顶级股票交易者访谈录》，杰克·施瓦格】

093 ☆☆

Uncommon Profits of Common Stocks

Philip Fisher

巴菲特说自己是百分之多少的格雷厄姆，百分之多少的费舍。费舍就是这位。我尊重他的成功，不恭维他的写作。

【中译本：《怎样选择成长股》，菲利普·费舍】

094 ☆☆☆

Beat the Market

Edward Thorp

索普曾与信息论发明人香农共事，在香农家装了一台轮盘，试图找到战胜赌场庄家的微小概率优势，又发明了在21点上战胜庄家的方法，结合凯利公式确定最优下注比例，横扫拉斯维加斯，后出书《战胜庄家》，从此成为赌场公敌；再后来发现在认股权证／可转债与正股间套利方法，自称早于布莱克、肖尔斯等人发明期权定价公式，但并不遗憾："他们得了诺奖，可我挣到钱了！"索普最早将这个期权定价方法用于实战，寻找高估／低估的期权／权证，最早一批成立现代意义上的对冲基金，赚到大钱后，又写了这本《战胜市场》，来讲这套方法。在智力和金钱的双重游戏中两次胜出后，两次亮出底牌。知行合一，莫过于此。

【中译本：《战胜市场》，爱德华·索普】

095 ☆☆☆

《投资组合的熵理论和信息价值》

鲁晨光

这是一本奇书，作者是一位奇人，早在1990年代初，就无师自通发明了一套投资体系，如何在概率有利时最优下注。个人网站"股市幸存者"。作者自学能力强，时有民科之风，而《投资组合的熵理论和信息价值》却与最顶尖科学家香农的信息论和凯利公式相通，远远地领先于当年的中国市场，让人感叹数学的力量：一个会算牌的赌徒，在一个牛仔横行的赌场里，当然远不止是幸存。

096 ☆☆☆

Reminiscences of a Stock Operator

Edwin Lefevre

巴顿·比格斯（Barton Biggs）书单里四本五星推荐之一，荐语是投资者不读这本书就不算完成教育。

【中译本：《股票作手回忆录》，爱德温·李费佛】

097 ☆☆☆

The Alchemy of Finance

George Soros

索罗斯几十年前的实时思考。反身性人人在说，想明白索罗斯的原意，还得再看一次。不是所有的正反馈都叫反身性，只有特定一类才是。

【中译本：《金融炼金术》，乔治·索罗斯】

098 ☆☆

The Most Important Thing

Howard Marks

芒格售卖《穷查理宝典》的网页上，有三本书，此书是其中之一。巴菲特推荐语说："有用的书，真罕见。"

作者霍华德·马克斯，Oaktree投资创始人。叫作价值投资的，细看千差万别，彼此之间存在的只是家族相似。霍华德·马克斯偏重反向投资寻找低估资产的价值投资理念，与巴菲特偏重成长的价值投资理念相比，就是家族相似。霍华德·马克斯的风格更接近格雷厄姆一点。这本书的主要价值是关于风险的思考。霍华德·马克斯出身有效市场理论滥觞之地芝加哥大学，却并不认同以波动定义风险；在巴菲特—芒格认为风险是本金的绝对损失基础上，作者提供了有价值的深化和丰富。他解释了"高风险高收益"在什么情况下成立，以及为什么对此的通常理解是错的。巴菲特—芒格特别警惕杠杆，认为杠杆可能把一个好交易变成坏交易，却不能把一个坏交易变成好交易。霍华德·马克斯同样警惕杠杆，他认为想用杠杆从一个低收益率的交易中榨出高收益率来是愚蠢且危险的，但认为可在高安全边际高期待收益率的交易中善用杠杆。

这本书闪光之处很多，而缺点是太过啰嗦。总共不过200页，但有很多反复阐释，精减至100页以内当无问题。价值投资知易行难，道理几十页肯定就讲透了，但执其道而行之，何其之难。与真正有价值的书一样，作者提出了很多问题，很少有确定的回答。比如这个：如果你总是持有现金和黄金，当然可以防范2008年的黑天鹅事件，但这是一个有效的长期策略吗？你准备如何自我保护以免于百年一遇事件的冲击？

【中译本：《投资最重要的事》，霍华德·马克斯】

099 ☆☆☆

Fortune's Formula

William Poundstone

赌博是最古老的人类活动，几千年来的发展主要由那些想发财的科学家特别是数学家推动。这本书讲几名当代科学家的努力：发明信息论的香农（Shannon）、香农在贝尔实验室的同事凯利（John Kelly）、在MIT的同事索普，成果是凯利判据。

【中译本：《财富公式》，威廉·庞德斯通】

100 ☆

Fooling Some of the People All of the Time: A Long Short Story

David Einhorn

附题是“一个很长的做空故事”。当下最知名的对冲基金经理之一，艾因霍恩做空一家舞弊公司，长期抗战，未能取胜。太长，不是对艾因霍恩感兴趣，没必要看完。

【中译本：《空头之王》，大卫·艾因霍恩】

101 ☆☆

Capital Ideas Evolving

Peter Bernstein

第一本讲 EMH, MPT, CAPM 占领华尔街，第二本讲其统治被动摇。

【中译本 :《投资新革命》，彼得 · 伯恩斯坦】

102 ☆

When Markets Collide

Mohamed El-Erian

PIMCO 的 CEO，这本书被高估了。

【中译本 :《碰撞 : 世界金融新版图》，穆罕默德 · 埃尔埃利安】

103 ☆

Principles

Ray Dalio

Bridgewater 资本创始人，当下最热对冲基金经理，其人生观在此。Water under the bridge，逝者如斯夫。

【中译本 :《原则》，雷 · 达里奥】

104 ☆☆☆

The Quest: Energy, Security, and the Remaking of the Modern World

Daniel Yergin

《纽约时报》在评论新书时说，数十年来，尤金“垄断”了关于能源安全和地缘政治题材，其他作者应该对他提起反垄断诉讼。《探寻》是一部百科全书式著作，对能源的所有问题都有涉及。与能源有关的一切问题，都是富于争议的问题。尤金娓娓道来，勾勒出关键，跳过繁琐是非，笔触简明，持论衡平，极见功力。如果关于能源问题只读一本书，我推荐这本。对于普通读者，够了。

【中译本 :《探寻 : 能源、安全与重塑现代世界》，丹尼尔·尤金】

105 ☆☆☆

The Match King

Frank Partnoy

主人公是美国大萧条时代的大玩家。这本书没有必读性，但拿上手就放不下来。

【中译本 :《火柴大王》，弗兰克·帕特诺伊】

106 ☆☆

On The Brink

Henry Paulson

即使在危机最深重的时候，当时的美国财长亨利•保尔森也是每晚9点上床睡觉。还有一点，亨利•保尔森说自己记忆力超强，写这本书根本不用查材料。只有佩服而已。

【中译本 :《峭壁边缘》，亨利·保尔森】

107 ☆

Boomerang

Michael Lewis

作者的成名作是《说谎者的扑克牌》(*Liar's Poker*)，这本新书是债务危机发生在冰岛、希腊、爱尔兰、德国最后是加利福尼亚，是他为杂志系列撰稿的结集，是他上本做空美国次贷的《大空头》(*The Big Shot*)的续集，也是一本金融危机游客日记。他的书易读，这本小书只需一个周末，学不到新鲜道理，带不来特别启发，还好八卦精采。

【中译本：《自食恶果》，迈克尔·刘易斯】

108 ☆☆☆

Unconventional Success

Pioneering Portfolio Management

David Swensen

史文森是耶鲁大学基金的管理人，也是Endowment基金管理界的革命者。前一本书写给个人投资者，后一本书写给Endowment Funds。

“大学之道，在明明德，不在有产。无论美国中国，大学有产的理由，是以可永续的财务资产，创造稳定的收益，为学校教学研究及其扩展提供补充性资金。大学首先应有使命，由此规划教学与研究的方向与规模，塑造长期资金需求预期，倒推校产收益率目标，并形成基本制度：管理要专业化，资产配置要多元化，要追求给定收益目标下的风险最小化，治理结构要最大限度透明化。”

【中译本：《不落俗套的成功》《机构投资与基金管理的创新》，大卫·史文森】

新知/通识

109 ☆☆☆

How Will You Measure Your Life

Clayton M. Christensen

克里斯坦森是名著《创新者的窘境》（*Innovator's Dilemma*）作者。这本书作于他发现得癌症之后，是商学院教授的人生指南。将一些商学院的理论投射到人生，关于职业生涯，关于家庭，以及关于如何不进监狱。克里斯坦森将能力的三要素理论resources, process, priorities，投射到儿女教育上，不无启发。他认为resources最容易被高估，父母总是想把最好的资源给孩子，比如上各种精英培训班，克里斯坦森把这比作教育外包，但正如关键能力不能外包一样，那些真正能决定孩子未来的东西绝不应通过外包也不能用外包来解决。最重要的priorities在家庭中的投射是价值观，只能是在父母与孩子长时间亲身教育的process中形成。

说到底，克里斯坦森这些，不外乎言传身教四个字。固是新瓶旧酒，换个角度重温一遍，仍然有其价值。很小的一本书，不花多少时间。

【中译本：《你要如何衡量你的人生》，克莱顿·克里斯坦森】

110 ☆☆

Being Mortal: Medicine and What Matters in the End

Atul Gawande

又一本2015大火的书，我读来有一个收获：对老人最大的威胁，除了已经很受重视的各种慢性病各种癌症之外，比较容易忽视的是摔倒，导致骨折，一部分老人从此离不开轮椅。摔倒的原因一是老人因为各种病症服用多种药物，易致头晕；二是肌肉力量下降。作者建议定期检查腿脚，服药后少动，补充食物增加体能。要非常警惕体重下降！

【中译本：《最好的告别》，阿图·葛文德】

111 ☆☆☆

The Scientist in the Crib: What Early Learning Tells Us About the Mind

Alison Gopnik，Andrew N. Meltzoff

《摇篮里的科学家》，讲小朋友从出生到4岁左右的认知进展，写得清楚、晓畅、温暖。看这书可以减少年轻父母的很多焦虑：最重要是与孩子在一起的时间要长，而不是在一起时特地教他什么特定的东西。小朋友是自世界诞生以来最复杂最精密最了不起的学习机器，有生而知之的天赋本能，更有学而知之的强大能力，而父母的教育发生在无意识间。

【中译本：《摇篮里的科学家》，艾莉森·高普尼克、安德鲁·梅哲夫】

112 ☆☆☆

Creativity: The Psychology of Discovery and Invention

Mihaly Csikszentmihalyi

这本书讲的创造力，是指现实地给人类知识带来改变。一要通晓现有知识，二要有独特贡献，三要这贡献为共同体接受。这本书因此讲得一点不飘渺，而是非常现实，几乎可以当作成功学系统论来读。

此外，有创造力的人没有单一的风格，惟一共通的地方就是复杂性：同时拥有相互矛盾的特点并在两者之间自如转换。希斯赞特米哈伊列了10对这样的矛盾：既精力充沛又易受伤害，既外向又内向，既自信又谦卑，既聪明又天真，既有想象力又务实，既嬉戏又有纪律，既有激情又有超脱的客观，既革命又传统，以及，拥有跨性别的气质。所有人都有内在矛盾，但一般人在矛盾中感到不适，有创造力的人则将其变成了创造力的来源。

【中译本：《创造力：心流与创新心理学》，米哈里·希斯赞特米哈伊】

113 ☆☆

Life Itself: Its Origin and Nature

Francis Crick

如果一个地外文明发展到远比人类文明高的水平，但又没达到任意而为的水平，当自己的世界面临毁灭，要寻找一个适宜的星球，使生命得以延续，它会怎么做？弗朗西斯·克里克的这本书，以DNA双螺旋结构发现者及诺奖得主之身，以专业科普的外壳，包装了这样一个科幻故事的内核。你一定想不到答案是什么。

送点细菌过去。

114 ☆☆

Decision Making and Rationality in the Modern World

Keith Stanovich

理性派和演化心理学派一直在互撕。一派认为人类存在着各种非理性的 bias，一派认为这些 bias 来自漫长的人类演化，于人是良配。两派之争在这本书里经由作者的元理性概念实现了综合，所谓元理性就是以理性以本身为其反思对象。

他这书里的反省理性是最高层级的。一般意义上的理性是能对偏好排序，但不关心偏好的内容。反省理性是要关心偏好的内容的。所以能解决你说的问题。但是，据我看过的作者写的其他书，我觉得反省理性无非是把过去归属个人选择的那些难以言说的东西，如价值、信仰、美丑，用反省理性这个词纳入他的三级理性框架。新瓶装旧酒，但问题并没有得到更好的解决。巴依老爷问河水要几瓢才能舀干。阿凡提回答说，如果瓢跟河一样大，一瓢；如果一半大，两瓢。我觉得前人的回答是两瓢，作者的回答是一瓢。好像差别很大，其实差别很小。

115 ☆☆☆

Robot's Rebellion: Finding Meaning in the Age of Darwin

Keith Stanivich

为天地立心，为自然立法，从人的角度看，人是宇宙的中心，予一切以意义；但在人体深处，从基因的角度看，人不过是其自我复制的载体。自我复制是基因惟一的“目的”，对人类福祉的“关心”仅限于其中有利于基因复制的那一部分，两者利益并不完全重合。比如，完成繁衍，则人对于基因不再有价值，衰老、死亡接踵而来。人类渴求长生，基因报之以癌症。天地不仁，以万物为刍狗；而人之为人，就是要脱离对于基因的盲从，超越刍狗的命运。

【中译本：《机器人叛乱：在达尔文时代找到意义》，基思·斯坦诺维奇】

116 ☆☆

How to Think Straight About Psychology

Keith Stanovich

这书出来第十版了，是本名著，其内容主要是应用于心理学的科学哲学：心理学为什么是以及如何才能是一门科学。我没翻完。几点印象：公众想起心理学必想起弗洛伊德，作者非常痛心，因为他认为弗洛伊德搞的不是科学，事后什么都解释得了但没有预测能力；流俗智慧很深刻但没有用，因为无论你要采取什么行动，必有一款格言支持你——“狭路相逢勇者胜”VS“多算胜少算”。

【中译本：《这才是心理学》，基思·斯坦诺维奇】

117 ☆☆

Second Nature

Gerald M. Edelman

奥利弗·萨克斯谈到杰拉德·埃德尔曼的神经进化论时，非常激动，认为就像进化论那样，是没读到时想不到，读到以后觉得本该如此，其神经群体选择说，既摆脱了笛卡尔的心身二元论，又没有陷入还原主义和决定论的陷阱。但萨克斯最后提醒道，埃德尔曼虽然拿到了诺奖，但不是因为这个理论，而是因其在免疫理论上的成就，神经进化论虽然伟大，但长期是冷门，原因一是因为领先于时代太多，二是埃德尔曼太不会写。我读了他这本 *Second Nature*，其他的无力置评，最后一点完全同意，已不得不弃书。推荐给能者。

118 ☆

Sapiens: A Brief History of Humankind

Yuval Noah Harari

2015年大火之作，如果对智人在农业革命之前的故事不了解，可以读。如果已有了解，可以不读。作者的特点是把这一段很融汇地讲了一遍，文字介于口语和网络表达之间。提出了一些乍看聪明但细想其实空洞的概念。比如，把智人大规模自组织的能力归于构建想象的能力，初看很有洞见，其实就是文化，而这是常识。再比如，他说，不是人驯化了麦子，而是麦子驯化了人，然后铺陈一番，都属于没什么意义的聪明。

至于该书的后半部分，不值一读。

【中译本：《人类简史：从动物到上帝》，尤瓦尔·赫拉利】

119 ☆☆

Life on the Edge: The Coming of Age of Quantum Biology

Johnjoe McFadden，Jim Al-Khalili

书中介绍了量子隧道（越过看似不可能越过的障碍）、量子纠缠（无视距离的即时同步），量子叠加（同时处于多个状态）这几个概念后，用它来解释生命是怎么回事。作者认同薛定谔的看法，就是生命不是从无序中生有序，而是有序生有序。至于是怎么回事，看得似懂非懂。这不怪两位作者，为了解释反直觉的量子世界，他们用了大量的精巧比喻，已很难得。

作者说，牛顿力学的世界是有序的，热力学的世界是无序的，而最深处量子力学的世界又是有序的，quantum coherence。一般认为 quantum coherence 在热力学那一层被颠覆了。但是，生命体有一条从最上面的牛顿世界穿过热力学世界到达量子世界的特殊通道，所以保有了 coherence。这本书讲这条通道存在的各种迹象和证据。别问我这是什么意思，虽然这些字是我打的，我完全不懂这是什么意思。

120 ☆☆☆

Superforecasting: The Art and Science of Prediction

Philip E. Tetlock

本书被 BetterRead 公号推为2015年度最佳图书，讲预测怎样才能有效，以及怎样才能成为超级预测者，在美国情报研究机构组织的预测竞赛中，打败精英大学的竞争团队，战胜预测市场，战胜能接触到绝密情报的 CIA 分析师团队。

作者是著名政治学家、edge 网站沙龙的一员，出书前搞了一个大师班，与跨界精英分四节共两天长谈超级预测这件事，Edge Master Class 2015: A Short Course in Superforecasting，强烈推荐与书同读。

【中译本：《超预测》，菲利普·泰特洛克】

121 ☆☆

Edge Questions Series

John Brockman

每年，Edge 网站会提出一个年度问题，沙龙成员依次作答，最终结集出版，成为经典的《大哉问》系列。这四本书都是《大哉问》系列，每本都有上百人的回答，每个回答一两页，非常适合碎片化阅读。不要指望在这本书里读到 ABC，也不要指望获得完整的阐释，175个一流精英在这里直接回答大问题，论证很少，锐度很高，带来碰撞和启发。剩下的，靠你自己。

这套书我今年翻过四五本，印象比较深的是这本 *Thinking: The New Science of Decision-Making*, *Problem-Solving*, and *Prediction in Life and Markets*，讲认知前沿前知。以及 *What to Think About Machines That Think: Today's Leading Thinkers on the Age of Machine Intelligence*，讲人工智能挑战。

122 ☆☆

The Predictioneer's Game: Using the Logic of Brazen Self-Interest to See and Shape the Future

Bruce Bueno De Mesquita

《超预测》里提到，政治学家布鲁斯•德•梅斯奎塔的预测思路是其四个智识来源之一，所以又翻了一次他的《预言家的博弈》：基于影响力、地位、议题对参与者的重要性、灵活性、有无否决票等要素建立模型，用博弈论方法，预测国际政治事件。不过，这本书主要目的是为他的咨询公司打广告，方法只讲个大概。看看导论就差不多了。

【中译本：《预言家的博弈》，布鲁诺·德·梅斯奎塔】

123 ☆☆

Mindware: Tools for Smart Thinking

Richard E.Nisbett

社会心理学大家尼斯贝特面向普通读者的新书，介绍改进日常认知和决策的方法，我且译作《智件：思维兵器谱》。他认为，第一，认知、判断、感受，均出自大脑的预判与构造，不存在赤裸裸的独立于人的真相。以为世界如我们所看到的那样，那叫幼稚现实主义（Naive Realism）。第二，所处的环境对我们认知和行为的影响比我们自己以为的大得多。第三，环境对我们的影响大多是在无意识中发生的。

124 ☆☆☆

Bursts: The Hidden Patterns Behind Everything We Do

Albert-Laszlo Barabasi

这本书核心是预测，介绍的工具是幂律，这都是近年来比较热门的主题，作者是复杂网络专家，认为人类行为之所以呈现幂律特征，是因为按优先级处理重要性不同的问题。但这本书的独特之处，不在这些地方，而是把科学研究前沿的介绍，与16

世纪宗教改革前夜发生在东欧的一次旨在收复君士坦丁堡的圣战的始末，编织在一起，难解难分，似幻似真。多主线并进的叙述方式，更常见于悬疑小说。我从来没见过这么会写的物理学家。

【中译本：《爆发：大数据时代预见未来的新思维》，艾伯特－拉斯洛·巴拉巴西】

125 ☆☆☆

Linked:The New Science of Networks

Albert-Laszlo Barabasi

网络科学的科普介绍，十余年前之作，读来还是很新鲜，记住了一条，在尺度不变的网络里，因为枢纽的存在，病毒 / 思想 / 流行的传播不必须达到门槛。要不然的话，艾滋病早就消亡了。

【中译本：《链接：商业、科学与生活的新思维》，艾伯特－拉斯洛·巴拉巴西】

126 ☆☆☆

Social Physics: How Good Ideas Spread-The Lessons from a New Science

Alex Pentland

作者是 MIT 连接科学和人类动力学实验室主管。这本书永远也不会被认为是杰作。它只是那种可能有用的书。作者认为 social intelligence 是决定一个组织效率、业绩最重要的因素。那些最有创新能力的是这样一种人：在观念流中自由地探索，在不同的观念流间自如转换，又能将采集来的观念在群体沟通中再经筛选，汇成共识，形成决策。在群体层面，最有创新能力和效率的群体，其结构始终在切换当中。在探索阶段，结构呈星形，尽量最多元从外部获取新的观念；在整合和决策阶段，结构呈网状，每个节点与每个节点之间有丰富平等的交流。

彭特兰将卡尼曼的快思想与慢思想理论映射过来，认为探索阶段对应慢思想，而整合与决策阶段对应快思想。这也是他最有特色的一点：群体内部的信息整合并形成决策，主要是通过交流中的无意识信号完成的，交流的显性内容没有想象的那么重要。

【中译本：《智慧社会：大数据与社会物理学》，阿莱克斯·彭特兰】

127 ☆☆☆

Honest Signals: How They Shape Our World

Tracy Heibeck，Alex Pentland

彭特兰认为人有四种无意识的社会信号：influence, mimicry, activity level, consistency in emphasis，这四种社会信号构成了语言之外但极重要的沟通方式，他们还把这四种社会信号与个人的群体角色和任务角色建立了对应关系，在无意识间，通过观念市场，完成信息的发现、整合和决策。他们把这叫作 network intelligence，对人际行为预测的准确率自称达到95%。比较有意思的是他们发明了一种可穿戴的传感器工具，sociometer，社交计数器，可以搜集和量化那四种社会信号。

128 ☆☆☆

Team of Teams: New Rules of Engagement for a Complex World

Stanley McChrystal

作者麦克里斯特尔是伊拉克战争期间的美军联合特种作战司令。伊拉克战争期间，美军联合特种作战司令部前进至巴格达郊外机场，下辖海豹队、游骑兵、三角洲，天上有无人机，地上有悍马，足以碾压一切看得见的敌人，却未能战胜伊拉克基地组织（AQI）。AQI 人数不多，训练不足，装备平平，通讯靠信使，却迅速崛起为伊拉克最致命的一支力量，日后还滋生出伊斯兰国。

AQI 有一个抗得住各种打击的组织：网状结构，目标一致，但既没有标准打法也没有标准层级。怎样与这样的组织作战？一天早晨醒来，麦克里斯特尔看着案前一堆等着他签字的命令，悟了。

129 ☆☆☆

Complexity: A Guilded Tour

Melanie Mitchell

一本关于复杂理论的简明百科全书式著作，作者本人是研究复杂系统的科学家，她给复杂系统下的定义是这样的：一个系统，其组成部分所构成的网格没有中央控制，简单的操作规则催生复杂的集体行为、精巧的信息处理，并通过学习或者演化适应环境。这个定义包含了混沌、计算、网络科学、进化论。

【中译本：《复杂》，梅拉妮·米歇尔】

130 ☆

Complexity: A Very Short Introduction

John H. Holland

霍兰是复杂理论的重要学者，其著作《隐秩序》(*Hidden Order*)影响很大，不过他为牛津通识读本系列写的这本简介很干瘪。未读完。

接下来三本是跟概率、归纳、风险、决策有关的同类书籍。一本出自哲学家伊恩•哈金（Ian Hacking）之手，*An Introduction to Probability and Inductive Logic*，胜在说理极为透彻。一本出自耶鲁法学院教授之手，*Supercruncher*，重视实用；最后一本是数学家乔丹•艾伦伯格（Jordan Ellenberg）的《魔鬼数学》(*How Not to be Wrong*)，内容最为丰富，毕竟这是数学家的主场。三本书的写作都很好。单独地看都能有三星评级，就是不可不读。如果只想读一本，根据需要自己选吧。

131 ☆☆

Guesstimation: Solving the World's Problems on the Back of a Cocktail Napkin

Lawrence Weinstein

Guesstimation 就是毛估。哪怕是对你完全不了解的东西，都可以毛估。首先确定上下限，就是你确信实际值绝对会落在其间的那两头，不管两者之间隔得多么远，比如说，一个直径15公分的铁球有多重？如果你肯定它不会超过100公斤，也肯定不会低于10公斤，那这就是上下限；然后取上下限的几何均值，得出30公斤出头。30公斤不见得准确，但作为毛估是可以接受的，因为毛估不求精确，目的是确定需不需要进一步了解就行。

更形式化的表达是这样的，任何数都可以化归为 $x \times 10^y$。比如，123是 1.23×10^2。最重要那个数的是指数 y，毛估的目标就是估对 y 值；其次是系数 x 的第一位数，至于其后的数字，对毛估来说完全不重要。

想起费希尔•布莱克对市场有效性的毛估。他说，如果市场对一只证券的定价在其内在价值的2倍以内（factor of 2）就可以说市场是有效的。也就是说，半价或者两倍，都是有效定价，虽然这来回相差4倍。

132 ☆☆☆

How Not To Be Wrong: The Power of Mathematical Thinking

Jordan Ellenberg

【中译本：《魔鬼数学：大数据时代，数学思维的力量》，乔丹·艾伦伯格】

133 ☆☆☆

Super Crunchers: Why Thinking-by-Numbers Is the New Way to Be Smart

Ian Ayres

【中译本：《大数据思维与决策》，伊恩·艾瑞斯】

134 ☆☆☆

An Introduction of Probability and Inductive Logic

Ian Hacking

见本书《像费米一样速算》

135 ☆☆

Darwin's Conjecture: The Search for General Principles of Social and Economic Evolution

Geoffrey M. Hodgson

作者是进化经济学家，认为达尔文主义普适于各学科，生物学只是首先发现了它。他提出一般化的达尔文主义：仅包含变化、遗传、选择的极简理论，作为元理论为各个学科提供理论框架，正因如此，这些具体理论需要加入与其兼容的辅助假设。生物进化有自己的特殊辅助假设，而社会进化也有自己的特殊辅助假设，两者差别可以很大。

因此，社会科学无须平移生物进化论，因此，获得性状可不可遗传、计划与设计有无角色这类生物进化与社会进化之间的冲突问题，演化是永远渐变还是间或有突变的问题，变成这些特定学科的辅助性假设是否成立的问题，不再有颠覆性效果。

【中译本：《达尔文猜想——社会与经济演化的一般原理》，杰弗里·M·霍奇逊】

136 ☆☆

Top Dog: The Science of Winning and Losing

Po Bronson，Ashley Merryman

从神经心理学讲人际竞争能力的书，与任何一本神经心理学的书一样，它从一种特定激素或一个特定基因“决定”人的特定行为倾向开始，似乎要走向生理决定论，然后再慢慢引入人体各种激素与基因极度复杂而人类只是初探其端倪的现实，把自己以及读者从生理决定论的边缘拉回来。既叹引了读者，又护住了基本的科学面子。

几点分享：

第一，老大老二动力学。老二比较坚韧，敢冒风险，注意观察，寻找自己可能占优的各种可能。因为在与老大贯穿整个童年的竞争当中始终处于劣势，老二已经培训到了。

第二，独生子女并不自私，因为独生子女的家庭环境中没有竞争者，独生子女的主要问题是 naive。

第三，一个团队能否成功，在组建之初就决定了。60% 取决于任务的难度和成员能力是否匹配，30% 取决于团队组建之初的磨合，其后的努力只占10%。也就是说，如果一个团队组建之后不太成功，最好解散团队，推倒重来。

【中译本：《输赢心理学》，波·布朗森、阿什利·梅里曼】

137 ☆☆☆

Getting to Yes

Roger Fisher

哈佛 Negotiation Project 的成名作，可与这个项目的另一本书《高难度谈话》（*Difficult Conversations*）参看，理念一致，技术互补。这本书从四个维度讲如何作 principled negotiation，而不致陷于 positional negotiation 的泥沼：把谈判对方与谈判的问题分开；把利益与立场分开；寻找更多的 option；谈判的达成要基于客观依据而不是屈从于对方的意志。再加上构建 BATNA（best alternative to a negotiated agreement）的能力和 commitment 的能力，这六条构成谈判者的力量来源。

【中译本：《谈判力》，罗杰·费希尔】

138 ☆☆☆

Difficult Conversations

Douglas Stone

出自哈佛 Negotiation Project。这本书是认为困难对话表面上是一个对话，其实是三个，第一个是关于发生了什么的对话，what has happened；第二个是关于谁伤害了谁以及怎样伤害了谁的对话 ,feeling；第三个是你把我当成什么人了的对话，identity。即使是第一个关于发生了什么的对话，重要的也不是事实本身，而是对话双方的 perception, interpretation。

【中译本 :《高难度谈话》，道格拉斯 · 斯通】

139 ☆☆

Influence: Science and Practice

Robert Cialdini

一本实用心理学的攻防手册，人有六个开关：互利、一致性、从众、爱屋及乌、服从权威、追逐稀缺，拨动这些开关，可以激活一系列自动反应，操纵人于无形。这本书有人作操纵术读，有人作反操纵术读，正如有人把打仗叫战争，有人叫防务。这书实用技巧很多，比如，如何正确地呼救？

【中译本 :《影响力：你为什么会说 "是"》，罗伯特 · 西奥迪尼】

140 ☆☆☆

The Mind and Heart of the Negotiator

Leigh Thompson

这书读开头像是《谈判力》的扩展，再读像《影响力》的扩展，再往下读，像是《思考，快与慢》（*Think, Fast and Slow*）的应用，再往下读，读到合作和非合作博弈、shapley 值、囚徒困境、tit for tat，可这还没有结束，再读下去，读到 lie to me。最后以一个我见过的最详尽实用的求职指南结束全书。这书融合了较多各学科知识，我的推荐是快速过一遍，以后再根据需要按图索骥。如果这本无所不包的书有个核心的话，就是有效的谈判者无须强硬也无须友好，关键是为天然具有零和性质的谈判注入双赢因素，为此应尽可能将单一因素谈判变成多因素谈判，应向对方交流自己的偏好和利益所在，但有一件事几乎绝对不能做，就是告诉对方自己的 BATNA（best alternative to no agreement）！而有一件事绝对要做，要尽一切可能去测知对方的 BATNA！

【中译本：《谈判者心智》，莉·汤普森】

141 ☆☆☆

HBR's 10 must Reads on Managing Yourself

哈佛商业评论出一个 *HBR's 10 Must Reads* 系列，自我管理有10篇文章，都在10页以下。第一篇看到德鲁克说人分 reader 和 listener；第二篇看到怎样防止下属把问题转交给你。可以读下去。其实也很简单：适度锻炼，规律睡眠，健康饮食，转换视角，调整节奏；最重要的，在自己喜欢的东西上投入更多。这些建议不外乎常识，我用过其中一部分，有用有效。

142 ☆☆☆

Succeed

Heidi Grant Halvorson

书名像是成功学，实际有心理学近年的研究支撑。鸡汤 / 自我管理类读物，有一点可采就值，因为可以读得很快，成本低。我还从来没读到过晦涩的鸡汤文。

【中译本 :《成功，动机与目标》，海蒂 · 格兰特 · 霍尔沃森】

143 ☆☆☆

Why Students don't like school

Daniel T.Willingham

读这本书就知道老师不是还能做什么，而是仍然不可或缺。选择难易适中的材料，恰当地表达，反复训练与考核，正确地激励，这些都是专业活。当然，成年以后，终身学习，靠自己了。

【中译本 :《为什么学生不喜欢上学？》，丹尼尔 · 威林厄姆】

144 ☆☆☆

Siblings without Rivalry: How to Help Your Children Live Together So You Can Live Too

Adele Faber，Elaine Mazlish

两娃家庭在增多，*Siblings without Rivalry* 专门写给多子家庭的父母，如何管理孩子们之间的冲突。应对这个挑战需要道术兼备。从公平对待到角色分配到打架，书中术自不少，对我影响比较大的是道：第一要承认并面对现实，也帮助孩子们接受要与兄弟姐妹共存的现实；第二要倾诉倾听；第三要划清边界，但边界内的事情要让孩子们自己处理。书中讲到老二出生了，老大不高兴，怎么办？跟他说爸爸妈妈同样爱你但也会爱老二吗？换位思考，假设你再娶一妻，对原配说这些话，能解决问题吗？那该怎么办？

【中译本：《怎样说孩子才能和平相处》，阿黛尔·法伯、伊莱恩·玛兹丽施 】

145 ☆☆☆

The Psychology of Human Misjudgment

Charles Munger

芒格是所谓通识家的典范，一流教育，大量阅读，得鱼忘荃。这是他通过思考、阅读、运用总结的人类思维的25种定势。第一版公布于1995年在哈佛大学讲演，2013年，80多岁的人了，芒格觉得总要留下点什么东西，于是又更新了一次，因有此书。

146 ☆☆☆

Arms and Influence

Thomas Schelling

书中讲到国家的面子，其背景是美苏对峙，要言不烦，就两段话，撮其要有五点。

【中译本：《军备及其影响》，托马斯·谢林】

147 ☆☆☆

Ethics,Law and the Exercise of Self-Commandment

Thomas Schelling

这篇小品是托马斯•谢林的Tanner讲座，是其治学兴趣的一个小应用：与自己博弈的伦理学，换句话说，自控的伦理学。戒烟、戒酒、安乐死，都与此有关。

148 ☆☆☆

Co-Opetition

Barry Nalebuff

应用博弈论于商战竞合，从博弈论武库中取PARTS（Player, Added Value, Rules, Tactics, Scope）五要素，做分析框架。有博弈论知识的一会儿就能看完，没有博弈论知识的看来也绝无困难。对新闻工作者来说可增加对于商战逻辑的认知，对商业人士来说可洞穿竞合对手的伎俩。值得一读。

【中译本：《合作竞争》，巴里·奈尔伯夫】

149 ☆☆☆

Scarcity: Why having too little means so much

Sendhil Mullainathan

贫穷者陷于贫穷，忙碌者忙于忙碌，都是因为注意力带宽不够。其实这基本上就是心理学上的工作记忆理论的扩展，不过出自经济学者，以解释另一个层级的现象。

【中译本：《稀缺》，塞德希尔·穆来纳森】

150 ☆☆☆

On Leadership

James G. March

管理学大师的一本小书，以奥赛罗、贞德、唐•吉诃德的境遇与考验为载体，比较别致。用文学作品讲领导力的层层因素，与用三国讲谋略的那一类书相比，一是确实出自大学者之手，二是马奇认为 leadership 大体上是个幻觉，虽然社会以及领袖都需要它。

151 ☆☆☆

The Ambiguities of Experience

James G. March

又是马奇的一本小书，文字很好，但极度浓缩，并不易读。读时很有启发，读后撮要似又平常：人们总是试图从经验中学习，但除了大样本可重复的那一类经验外，经验并不是很好的老师，因为经验的因果链条太复杂，样本太小，噪音太多，赢家书写历史，循环论证，也因为人们过度重视亲身经验，还因为经验可以根据需要做弹性解释。从经验中获得智识时常不靠谱，只是人们会永远这样做下去。

【中译本：《经验的疆界》，詹姆斯·马奇】

152 ☆☆

Taming Chance: Randomization in Individual and Social Decisions

Jon Elster

社科大家乔恩•埃尔斯特的 Tanner lecture，讲个人和社会决策中的随机选择，里面有形形色色的案例。比如说，14世纪的佛罗伦萨是这样决定公职人选的：公民自由提名，然后一个数百人的委员会筛选，剩下的写在小纸条上，放到布袋里，每两个月摸一次，摸出来的任职。这样做的坏处是明显的，不过好处也不少，比如不会形成顽固的利益集团，也不会形成永远被社会排斥的少数群体。可以看看。

153 ☆☆

On Rumors: How Falsehoods Spread, Why We Believe Them, What Can Be Done

Cass Sunstein

凯斯•桑斯坦是法学巨人，奥巴马帝师，著述极丰，这本小书论谣言。谣言能传播开来，是因为人们理性地信谣传谣。所谓理性，是指谣言对其有利，或者符合其先入之见。谣言传播还有两大特征：社会瀑布流和群体极化，前者指越大的雪球滚得越快；后者指越极端的谣言在群体中越得势。

【中译本：《谣言》，凯斯·桑斯坦】

154 ☆☆☆

Intuition Pumps and Other Tools for Thinking

Daniel C. Dennett

当代大哲丹尼尔•丹内特的集大成之作，层出不穷的思想训练。为了明白晓畅，每章都找新入学本科生讨论过。Intuition Pump指思想实验。有一则是 Sturgern's Law，任何东西都有90%没价值，所以也不要花时间批评，以显示自己高人一筹，浪费自己和大家的时间。要批评就要批评有价值的那10%。

155 ☆☆

The Moral First Aid Manual

Daniel C. Dennett

丹内特的tanner讲座：道德决定没有optimal计算，只有satisficing计算。

156 ☆☆

Evolutionary Psychology

Robin Dunbar,Johnj Lycett, Louise Barrett

大学者写入门书*Beginner's Guide*系列中的一本，出自邓巴之手。书中讲到social brain，认为人的大脑皮层发达，与社会化需求有关。也介绍了自己的邓巴数，15—50—150—500—1500，人的社交圈层层外扩，对应与狩猎采集时代的各层人群规模。其中以150人为界，这个圈以内的，我们对其有亲知，可以寄望其帮助；150人以外的，我们对其只有概念化的分类。受限于大脑，我们熟知的不会超出150人。新人进来了，就有旧人要出去，逐渐生分。

【中译本：《进化心理学》，罗宾·邓巴 等】

157 ☆☆☆

The Journey of Man

Spencer Wells

用线粒体（女性）和Y染色体（男性）来勾勒出现代人类走出非洲占领全世界的图谱，引人入胜。现在所推测的人类夏娃大概生活在15万年前，比所推测的人类亚当早了大概9万岁，书里会告诉你这是为什么。韦尔斯是国家地理协会 The Genographic Project 项目负责人，干的就是这件事。不过这书出了有10年了，不知道更新的进展有哪些？

【中译本 :《人类前史》，斯宾塞 · 韦尔斯】

158 ☆☆☆

Climbing Mount Improbable

Richard Dawkins

道金斯严肃的进化论科普，好看得像侦探小说。想读严肃题材又想享受读书之乐，读道金斯非常合适。

159 ☆☆

The Story of the Human Body: Evolution, Health, and Disease

Daniel Lieberman

作者是哈佛大学人类学家、进化生物学家，人类的身体确是按照适应过去的生存方式演化的，跟现代的生活方式确有错配，这就是所谓 Mismatch Theory，是进化医学的重要内容，但模仿狩猎采集生活方式以求健康，则属刻舟求剑，原因一是狩猎采集不是一种而是一组生活方式，原因二是狩猎采集这种生活方式不是向人的健康适应，而是向繁衍后代适应。这书写得不好。作者过于担心读者不理解其论证的过程细节，太啰嗦重复，行文时有跳跃。

160 ☆☆

The 10Year Explosion

Gregory Cochran

一般认为自从有文明以后，人的进化就停止了。与这派看法不同，乔治•柯兰认为人的进化没有停止，反而因文明出现而加速。他在这本书中抽空回答了一个问题：为什么圣经时代几乎没有犹太人特别聪明的历史记载，但近代以来最聪明的人群东欧犹太人占比特别大？犹太人是怎样整体变聪明的？答案有意思。

161 ☆☆☆

The Innovator's Dilemma

Clayton Christensen

一本老书，Disruptive technology 这个词就来自于它。商业类著作速朽，这本不然。读它有助于理解优秀的企业 / 组织 / 做法 / 传统为什么几乎注定要失败。

【中译本：《创新者的窘境》，克莱顿·克里斯坦森】

162 ☆☆☆

Physics and Technology for Future Presidents

Richard Muller

这是关于物理学常识的一本简明百科全书，贴近现实问题，目标在于理解而不是掌握，对没有理科知识的读者来说可谓处处新奇。作者建议要很快地看完，然后反复看。我的建议则异于是，看一遍，然后根据自己的兴趣去查 Wikipedia。我读这本书的收获，就是减少因无知带来的恐惧。减少对于幅射的恐惧，减少对于核能的恐惧，增加对于太阳能的信心，用爱因斯坦方程式理解了相对论，也理解了时间旅行的前提条件，可以更加自信地看科幻片。推荐给文科生们。

163 ☆☆

The Second Machine Age: Work, Progress, and Prosperity in a Time of Brilliant Technologies

Erik Brynjolfsson

人强在智力而电脑强在计算的看法靠不住了。电脑在可重复的事上都将比人强，不管这些事要求多少智慧。人的优势只剩下三条：提有趣问题；复杂沟通；think outside the box。人也不是没指望：与机器合作。最强电脑可轻易战胜国际象棋特级大师，但败给有笔记本帮助的一般棋手。培养 Read, aRithmatic, wRite 能力的的3R 教育在机器时代没有竞争力。

【中译本：《第二次机器时代》，埃里克·布吕诺尔夫松】

164 ☆☆☆

The Future of the Mind

Michio Kaku

人脑不是计算机。

165 ☆☆

Uncharted

Erez Aiden

Google book志在把所有已经出版的书都电子化，不期然创造了关于近代史的另类大数据，哈佛的两位研究人员从中掘金，成果是Ngram Viewer项目，从词频的历史变化来重新发现历史。我印象比较深的部分是google保护隐私的安排，对大数据的shadow选择非常小心。

【中译本：《可视化未来》，埃雷兹·艾登】

166 ☆☆

The Creative Destruction of Medicine: How the Digital Revolution Will Create Better Health Care

Eric Topol

医疗的创新式毁灭，作者认为移动技术、DNA测序和无所不在的传感器，将实现真正个性化的医疗。

【中译本：《颠覆医疗》，埃里克·托普】

167 ☆☆

The Social Transformation of American Medicine

Paul Starr

看这本书了解很多现在医疗体系的特殊安排是怎么来的：为什么公共卫生防疫与医院治疗是分开的？为什么医学检查与治疗是分开的？为什么处方药与非处方药是分开的？为什么会有医生多点执业这种其他行业会认为奇怪的诉求？为什么医生药方鬼画符？为什么强调医院非盈利性的声音这么大？为什么养成一个医生的时间特别长？一言以蔽之，这都与美国医生群体在高度竞争的社会环境中成功打造出一个垄断性行业的努力有关。中国跟美国差别很大，医生并不是医疗体系不成功的首要症结，医疗服务的供给没有充分激发出来才是，而对此政府过度管制的责任最大。但看了这本书，便理解为什么在未来医改的设计当中，不能忘记医生也是一个非常强势的利益团体。

168 ☆☆☆

The Tell-Tale Brain: A Neuroscientist's Quest for What Makes Us Human

Vilayanur Ramachandran

有人不幸截肢，仍觉得已截的肢体还在，这很常见；有人不仅继续感受到被截的肢体，还继续受被截肢体上原有病痛的折磨。病痛已经被截肢了，但还在，怎么治？作者拿出了天才的解决办法。拉马钱德兰是一流神经科学家，却不依赖日益流行的神经成像（neuroimiaging）技术，通过简单但精巧的疗法和装置设计，也能掀开大脑的一角。理查德·道金斯称他为“神经科学界的马可·波罗”。神经科学越来越像是要成为关于人的大一统理论的内核，要理解人的认知、情感、自我意识，都绕不过去。

169 ☆☆

The Hour Between Dog and Wolf: Risk Taking, Gut Feelings and the Biology of Boom and Bust

John Coates

人体内平衡应激反应，影响交易员。短期应激是人体自我保护，应激长期化则身心崩溃。怎么办？推荐给交易员和新闻工作者—都长期面对全新的、不确定的、无法控制的外部刺激。

170 ☆☆☆

Super Cooperators

Martin Nowak

进化博弈论的名著。合作要产生，就必须超越囚徒困境，作者提供了数学模型。一般认为在多次囚徒困境博弈里，最优的策略是以牙还牙（tit for tat）；作者认为，如果加入现实中必有的偶然因素，有一些策略比以牙还牙更优，其中最优的是赢继续、输改变（win stay lose shift），不仅回报最大，而且对信息要求最少，不用观察对方的行为，只需要观察自己每一轮回报就可以。“人的身体就是基因之间合作的产物，而癌症是其中一些基因在博弈后期选择了不合作。”

【中译本：《超级合作者》，马丁·诺瓦克】

171 ☆☆

Making Better Decisions Decision Theory in Practice

Rational Choice

Itzhak Gilboa

Negotiation Analysis

Howard Raiffa，John Richardson

几本博弈论—决策理论的书，不用太多数学。哈佛大学决策树先生的名著。我只看了开头几章。

【中译本：《理性选择》，伊扎克·吉尔伯阿，霍华德·雷法、约翰·理查德森】

172 ☆☆

Rationality for Mortals

Gerd Gigerenzer

丹尼尔·卡尼曼开创心理学预期学派，发现人类心理和行为方式中的许多 bias（定势），偏离理性人假设。本书作者歌德·吉仁泽一直是卡尼曼的批评者，他认为有些 bias 是稍作训练或者对提问方式稍作调整就会消失，而另外一些 bias 对人类有用。前者有一句著名的口号：小学生都能学会贝叶斯推理。后者，比如说，精确计算不同资产的风险 / 收益以设计资产组合，不如按大拇指定律在每一类资产中平均分配。

173 ☆

David and Goliath:Underdogs, Misfits, and the Art of Battling Giants

Malcolm Gladwell

畅销书作者马尔科姆·格拉德威尔的新作，令人失望，读了一半，还没看到有料。好像是在讲强者不强，弱者不弱？已弃书。

【中译本：《逆转》，马尔科姆·格拉德威尔】

174 ☆☆

Antifragile

Nassim Taleb

塔勒布以前的书讲黑天鹅，这本书说，虽然黑天鹅不可预测，也要主动拥抱黑天鹅，一以避祸，更以获益。

【中译本：《反脆弱》，纳西姆·塔勒布】

175 ☆☆

Numbers Rule Your World

Kaiser Fung

概率和统计关心的不是均值而是能管理异常值。我读了第一章，讲修路是低效的治堵办法。西雅图交管管理驾车者的行为，迪斯尼调节游客对排队的认知，更有效。冯启思有与书同名的博客，另还有博客 Junk Charts。

【中译本：《数据统治世界》，冯启思】

176 ☆

Big Data: A Revolution That Will Transform How We Live, Work, and Think

Kenneth Cukier，Viktor Mayer-Schonberger

这本书基本上是以其昏昏使人昭昭，大数据很重要，但写书不能靠重复又重复。实在要读，只需读第一章这三点就够了：大数据指全部的数据，抽样不再必须；粗糙的数据不可避免，有时更是优点；因果关系（causality）搞不清楚，发现相关关系（correlation）就够用了。

【中译本：《大数据时代》，肯尼思·库克耶、维克托·迈尔·舍恩伯格】

177 ☆☆☆

Thinking, Fast and Slow

Daniel Kahneman

不思而应，谋定后动，两套体系共存。历数人的心理定势，有心理学预期学派的简史，也是个人思想自传。作者以心理学家获诺贝尔经济学奖，因其研究激发了行为经济学派。

【中译本：《思考，快与慢》，丹尼尔·卡尼曼】

178 ☆☆☆

Reason in Human Affairs

Herbert Simon

跨界思想家，在 SEU（subjective expected utility）理性、行为理性、演化理性之间，西蒙弃前者，认为人类理性是 bounded rationality，有限理性，根据特定背景、特定目标，采取特定行动，接近行为理性和演化理性。

179 ☆☆☆

On Intelligence

Jeff Hawkins

霍金斯从小为大脑着迷，求知漫游中偶然发明 graffiti 手写输入，搞出 palm pilot 和 treo，开创了移动设备行业。成功后回归神经科学研究。他认为人工智能（AI）只关注行为（behavior）是走错路，必须进入思维的黑匣子：思维是回忆—预测，关键在大脑皮层。

【中译本：《智能时代》，杰夫·霍金斯】

180 ☆☆☆

The Selfish Gene

Richard Dawkins

基因自私，如何解释显见存在的利他行为？可与西蒙的书参读。

人不为己，天诛地灭，基因使然。己所不欲，勿施于人，夫子言之，康德亦言之。有一线相通。

【中译本 :《自私的基因》，理查德·道金斯】

181 ☆☆☆

In Search of Memory

Eric Kandel

神经心理学家、诺贝尔奖得主的自传与学科简史合一。

182 ☆☆☆

Statistics for Business and Economics

Anderson D.R.

人总要学点统计学吧。这本是文科生量力而行的选择。

【中译本 :《商务与经济统计》，安德森】

183 ☆☆

The Signal and the Noise

Nate Silver

以贝叶斯方法做选举预测，聚合之聚合，2012美国大选一战成名。

【中译本 :《信号与噪声》，纳特·西尔弗】

184 ☆☆

Expert Political Judgment

Philip Tetlock

看结论就可以了：专家不可靠，什么专家都不可靠。刺猬知道一件大事，狐狸知道许多小事。狐狸比刺猬靠谱，但群众喜欢刺猬。

【中译本：《狐狸与刺猬：专家的政治判断》，菲利普·泰特洛克】

185 ☆

The Honest Truth about Dishonesty: How We Lie to Everyone---Especially Ourselves

Dan Ariely

一般人会不诚实到能自以为还算诚实的水平，不会多也不会少。

【中译本：《不诚实的诚实真相》，丹·艾瑞里】

186 ☆

Nudge

Richard Thaler

第一批受丹尼尔·卡尼曼影响的经济学家，行为经济学派的重要人物，这本书讲 choice architecture，（选择设计），提出 paternal liberalism（慈爱自由主义），轻推（nudge）群氓更好地自决。

【中译本：《助推》，理查德·泰勒】

187 ☆☆

The Folly of Fools: The Logic of Deceit and Self-Deception in Human Life

Robert Trivers

人为什么自欺？不管有意无意，自欺之所以可能，是为了更好地欺人。我附议。

【中译本：《愚昧者的愚昧：自欺与欺骗背后的逻辑》，罗伯特·特里弗斯】

188 ☆☆

The Nurture Assumption: Why Children Turn Out the Way They Do

Judith Harris

同龄人影响远比家庭教育重要。你觉得孩子举止似你，不是因为你的教育，多半是因为基因。后天影响主要来自同侪压力。非家长两星，家长三星。

【中译本：《教养的迷思》，朱迪斯·哈里斯】

189 ☆☆☆

The Strategy of Conflict

Thomas Schelling

知止而后有定。止于 focal point。

【中译本：《冲突的战略》，托马斯·谢林】

190 ☆☆☆

Games of Strategy

Avinash K. Dixit，Susan Skeath，David H. Reiley Jr.

博弈论入门教材

【中译本：《策略博弈》，阿维纳什·迪克西特、苏珊·斯克丝、戴维·赖利】

191 ☆☆

The Art of Strategy

Avinash K. Dixit，Barry J.Nalebuff

面向大众读者的博弈论介绍。

【中译本：《妙趣横生博弈论》，阿维纳什·迪克西特、巴里·奈尔伯夫】

192 ☆☆☆

Why Stock Markets Crash

Didier Sornette

LPPL 模型解释并预测泡沫破裂。

193 ☆☆☆

The Misbehavior of Markets

Benoit Mandelbrot

分形几何学创始人对市场的十大洞见：市场非常危险，波动是成串的但方向不可预测。

194 ☆☆☆

How Nature Works

Per Bak

作者是丹麦物理学家，提问：为什么自然的规律是简单的，而自然的现象却如此复杂？他提出了 self organized criticality（自组织临界性）：由大量个体组成的系统，总是倾向于达到一个临界状态，极度失衡，一个微小的扰动即可导致崩溃。

195 ☆☆

Fooled By Randomness

The Black Swan

Nassim Taleb

两本书差不多。塔勒布傲慢、自恋，行文累赘，堆砌统计学、数学、物理学、进化论、心理学、金融学，糊起一套系统，但也强烈地激发思考，可读。他服膺休谟—波普尔—曼德博，认为自己较前贤往前多走一步，知行合一。如果只有100页厚，就

【中译本：《随机漫步的傻瓜》《黑天鹅》，纳西姆·塔勒布】

196 ☆☆☆

Against the God

Peter Bernstein

在《黑天鹅》之前，比《黑天鹅》写得好。

【中译本：《与天为敌：风险探索传奇》，彼得·伯恩斯坦】

197 ☆☆

Stabilizing an Unstable Economy

Hyman Minsky

明斯基时刻，出自这里。

【中译本：《稳定不稳定的经济》，海曼·明斯基】

198 ☆☆

The Emperor of All Maladies: A Biography of Cancer

Siddhartha Mukherjee

关于癌症的百科全书。现在对癌症在基因理论上的理解已经相当透彻，但治疗方法跟理论是脱节的，还停留在100年来的化疗、放疗、手术三件套上。人人都会得癌症，只不过有些人在得癌症之前就因为别的原因死掉了。了解癌症，将来好自为计。

【中译本：《众病之王：癌症传》，悉达多·穆克吉】

199 ☆☆☆

《三体》（三部曲）

刘慈欣

有幸在印前读到《三体》（Ⅲ）的手稿。刘慈欣的野心和才能集大成于《三体》系列。如果不是《三体》（Ⅲ）后半部略显仓促，可与阿西莫夫《基地》系列比肩。

写作

200 ☆☆☆

Persecution and the Art of Writing

Leo Strauss

列奥·施特劳斯一篇小文，《迫害与写作艺术》，有同名论文集，自称“哲学的社会学”的开篇，讲述古典大师们为什么一个文本会有exoteric（外门）、esoteric（秘宗）两种内涵，以及在什么时候和应该怎么样read between the lines。

【中译本：《迫害与写作艺术》，列奥·施特劳斯】

201 ☆☆☆

The Sense of Style: The Thinking Person's Guide to Writing in the 21st Century

Steven Pinker

斯蒂芬·平克这本书极有雄心，以认知心理学的成果，系统重厘写作指引，挑战英文写作经典。我认为他做到了。书中大多数建议有普适性，也适用于中文写作。

202 ☆☆☆

On Writing Well, 30th Anniversary Edition

William Zinsser

《写作法宝》对改进写作直接有用。以清楚简洁有力的写作观，津瑟体察作者的痛苦，对症下方。有人称非虚构写作如只读一本书就读这本。它能超越语言的差异，使中文作者也受益，是极少的值得全部汉译的英文写作指南。

【中译本：《写作法宝》，威廉·津瑟】

203 ☆☆☆

The Translator's Guide to Chinglish

Joan Pinkham

在华英文专家改 Chinglish 稿的血泪谱，宗法《风格的要素》，审视中文英译的笨拙臃肿，有益于改进英文写作，刺激反思中文写作。大量案例，页页有用，适合碎片化阅读。一本书同时大补中英文写作，殊为难得，强烈推荐。

【中译本：《中式英语之鉴》，平卡姆】

204 ☆☆☆

The Elements of Style

William Strunk，E.B. White

英文写作的圣经。2004年我在约翰•霍普金斯大学的 SAIS 待了一年，有节课老师请来了时任中央情报局代理局长做讲座，这位代理局长出自分析部门，他说中情局分析师怎样写报告？先读这本书。实际上，所有英文写作的教程，都会提到这本小书。有意英文写作者三星，有意借鉴中文写作者两星。

【中译本：《风格的要素》，威廉·斯托克、E.B. 怀特】

205 ☆☆

On Writing

Stephen King

小说开始于作者的想象，完成于读者的想象。因为这句话，我还做了这个小说家的自传兼写作指南的读书笔记。

【中译本：《写作这回事》，斯蒂芬·金】

图书在版编目（CIP）数据

我们为什么总是看错人/王烁著.——北京：中国文史出版社，2016.2

ISBN 978-7-5034-7519-1

Ⅰ.①我… Ⅱ.①王… Ⅲ.①杂文集-中国-当代

Ⅳ.①I267.1

中国版本图书馆CIP数据核字（2016）第034934号

我们为什么总是看错人

财新图书主编：徐　晓

财新图书策划：张　缘

责任编辑：卜伟欣

封面设计：李　洁

版式设计：合和工作室

出版发行：中国文史出版社

社　　址：北京市西城区太平桥大街23号　邮编：100811

电　　话：010-66173572　66168268　66192736（发行部）

传　　真：010-66192703

印　　制：北京中科印刷有限公司

经　　销：全国新华书店

开　　本：875毫米×1270毫米　1/32

印　　张：10

字　　数：220千字

版　　次：2016年8月北京第1版

印　　次：2016年8月第2次印刷

定　　价：45.00元
